## 前　言

　　在现实生活中,逻辑无处不在。但是,逻辑究竟是什么呢?所谓逻辑,就是研究思维及其特征和规律的科学。逻辑思维是思维的一种高级形式,它以分析、综合、比较、抽象和具体化作为思维的基本过程,揭露事物的本质和规律性联系。只有经过逻辑思维,人们才能达到对具体对象本质的把握,进而认识客观世界。它是人的认识的高级阶段,即理性认识阶段。

　　在日常生活中,有些人表现得很聪明伶俐,然而其思维的逻辑性却不怎么样。虽然这些人具备逻辑思考的能力,但是非常明显,这种能力还没有成为他们的本能。之所以会出现这种情况,是因为他们的逻辑思考能力从来没有被系统训练过。

　　让孩子成为一个优秀的人,这是无数家长与教师共同的心声。对于大多数孩子而言,培养他们建立一套行之有效的学习方法,全面开发他们的思维能力,远远要比获得优异的考试成绩更加重要。哈佛大学第21届校长艾略特曾经说过:"人类的希望取决于先驱者的思维,他们所思考的事情可能超过一般人几年、几代人甚至几个世纪。"具备优秀思维能力的人,无论到哪个地方,都会成为一个卓尔不群的人。他们做事情会更加高效,采取行动会更加果断,因此更容易获取成功。

　　语言力是指一个人所拥有的关于其母语或其他语系的知识和技能。它包括掌握一种语言而产生的听、说、读、写、译的能力。语言力是现代人所必备的基本素质之一,是人最基础、最重要,也最有价值的能力。本书第一章从提高语言力的角度出发,精选了多个语言逻辑思维游戏,所选的思维游戏都进行了精心的设计,每个游戏都极具代表性和独创性,让孩子在游戏中不断提升自我,增强其语言逻辑思维能力。

爱迪生曾经说过:"学会解决问题的前提是学会分析问题。"本书第四章从提高分析力的角度入手,精选了哈佛大学、麻省理工学院、剑桥大学、清华大学等世界著名高等学校给学生做的多个思维游戏,帮助孩子迅速提高分析能力。

逻辑推理是在把握了事物与事物之间的内在的必然联系的基础上展开的,由一个或几个已知的判断(前提),推导出一个未知的结论的思维过程。其作用是从已知的知识得到未知的知识,特别是可以得到不可能通过感觉经验掌握的未知知识。本书第六章从提高推理能力的角度出发,精选了多个推理逻辑思维游戏。通过这些游戏,孩子可以更好地把握事物之间的联系,从多个角度思考问题,从而帮助孩子做出正确的判断与决策。

在现实生活与工作中,人们习惯性地会把周围的事情划分为有利的和有害的的两种。对于有利的事情,人们的态度往往是多多益善;对于有害的事情,人们则会选择避而远之。然而,当我们从逻辑学的角度去考虑利与害时,则需要拥有一定的反应能力。本书第八章就是从提高反应力的角度出发,精选了多个思维游戏,这些思维游戏可以训练孩子具备超强的反应能力。

著名经济学家保罗·萨谬尔森说:"要想在现代社会做一个有文化的人,你必须对博弈论有一个大致了解。"本书第十章,通过《苏格拉底的自救》《轮盘赌局》《救命的话语》等一次次令人兴奋、充满乐趣的思维游戏,让孩子发现生活中的现实问题,以及可以应用于方方面面的具有普遍意义的策略原则。

本书独辟蹊径,没有向读者灌输那些专业性很强的理论和方法,没有枯燥的公式,也没有难解的习题,每一种游戏都经过了精心的选择与设计,每一个游戏都有很强的代表性与独特性。内容丰富,形式活泼,难易有度。

我们编撰本书的目的不是教孩子学会多少专业的逻辑学理论,而是通过学习和分析这些思考问题的方法,在潜意识中逐步提高孩子们的逻辑思维能力。本书收集了大量的逻辑思维游戏,并尽可能地着眼于实用性和有趣性,希望可以帮助孩子们更好地学习和运用逻辑知识。

编者

2013 年 7 月

## 目 录

★ 逻辑思维游戏，越玩越聪明，越做越智慧。
★ 玩转数百个逻辑思维游戏，全面开发孩子的大脑潜能。
★ 帮助父母快速开拓孩子的思维，提升孩子的综合能力。
★ 集知识性、趣味性、科学性、实用性于一体，打造最优秀的孩子。

生活馆

# 全世界孩子

## 都在玩的

# 游戏

### 女孩版

陶红亮 ◉ 编著

郑州大学出版社
郑州

**图书在版编目(CIP)数据**

全世界孩子都在玩的游戏·女孩版/陶红亮编著. —郑州：
郑州大学出版社,2014.7

ISBN 978-7-5645-1670-3

Ⅰ.①全… Ⅱ.①陶… Ⅲ.①智力游戏-儿童读物
Ⅳ.①G898.2

中国版本图书馆 CIP 数据核字（2013)第 310881 号

郑州大学出版社出版发行

郑州市大学路 40 号　　　　　　　邮政编码:450052

出版人:王　锋　　　　　　　　　发行部电话:0371-66966070

全国新华书店经销

河南龙华印务有限公司印制

开本:710 mm×1 010 mm　1/16

印张:13.5

字数:230 千字

版次:2014 年 7 月第 1 版　　　　印次:2014 年 7 月第 1 次印刷

书号:ISBN 978-7-5645-1670-3　　定价:28.00 元

# 第一章

## 语言逻辑思维游戏

在现实生活中,我们常用"语无伦次"这个成语来形容一个人说话没有逻辑性。从逻辑学的角度来分析,就会涉及语言逻辑思维方面的问题。语言和文字是不可分离的,在本章中,精选的多个语言逻辑方面的经典例题,都从语言和文字结合的角度开始,并逐步过渡到复杂的语言现象,以此训练和提升孩子的语言力。

## 纸团上的暗语

小王是一个侦察员，有一天，他发现自己所监视的一个叫 AB 的敌方特务，突然将一个东西放进了一棵老樟树的树洞里面。待特务远去之后，小王跑到那棵老樟树下，认真查看树洞里面到底有什么东西，结果找到了一个药丸大小的小纸团。小王打开纸团一看，上面只写着这样四句话："主人不点头，十人一寸高，人小可腾云，人皆生一口。"

小王看完之后，便将纸团原样放入树洞中，并告诉另外一位侦察员，请他严密监视 AB 的一举一动，自己则马上去向领导报告。深夜一点钟的时候，15 个特务鬼鬼祟祟地钻进了我方早就已经布好的包围圈，全部束手被擒了。

请问，树洞里面的纸团上写的究竟是什么意思？

**【妙趣解析】**

纸团上写的暗语是"王村会合"。

## 巧用标点

有一个书生到了亲戚家，恰好下起了瓢泼大雨。这时，天色已暗，他想在亲戚家住下，便拿出了一张纸，在上面写了这样一句话"下雨天留客"。然而这位亲戚不太乐意，续写道"天留人不留"。

书生一看，马上知道了亲戚的意思，但又不想把话挑明，于是心生一计，不妨给这句话加上几个标点："下雨天，留客天，留人不？留！"

亲戚看后，发现这句话的意思已经完全反了，无话可说，只能为书生安排住宿了。

事实上，除了书生这种加标点的办法之外，还有其他三种加标点的方法，可以让这句话变成三种句式，分别为陈述句、疑问句、问答句。你不妨加上标点试一下。

**【妙趣解析】**

陈述句：下雨天留客，天留人不留！

疑问句:下雨天,留客天,留人不留?

问答句:下雨天留客,天留人不?留!

# 秀才姓什么

这天乌云密布,一名进京赶考的秀才刚走到一个镇里,倾盆大雨而至,他不得不寻找躲避的地方。于是,他敲响了一户人家的大门。刚好这家人正在给老太太做寿宴,在全家人的盛情邀请下,秀才也落座入席了。酒席间,老太太问秀才:"小伙子,你姓什么呀?"秀才沉思片刻回答道:"今天刚好是老太太您的生日宴会,非常巧,我的姓氏和您的生日宴有一定联系,如果以'生日宴'三个字看成是谜面的话,请打一个字,那就是我的姓氏了。"老太太略微沉思后微微一笑:"呵呵,原来如此。"

那你知道秀才姓什么了吗?

【妙趣解析】

从谜面来看,"生日宴"就是生了一个"日"为"宴"字,那么把"宴"字中的"日"字去掉的话,就是"安"字,所以,这个秀才应该姓"安"。

# 巧骂赃官

明代书画家祝枝山与唐伯虎、文徵明、徐祯卿号称"江南四大才子"。他疾恶如仇,常常通过画笔达到戏弄贪官污吏的目的。

有一年的除夕,一个姓刘的贪官邀请他题写两副春联,他写的是:

明日逢春好不晦气  终年倒运少有余财

此地安能居住  其人好不悲伤

贪官看过春联之后,恼羞成怒,马上把祝枝山抓了起来,欲兴师问罪。

祝枝山拱了拱手,笑着说道:"大人误会我的意思了,学生写的可都是吉庆之词!"

接着,祝枝山当着众人抑扬顿挫地念了一遍。贪官与众人一听,顿时目瞪口呆,无话可答。好一会儿,贪官才回过神来,再看祝枝山,早已扬长而去了。

你知道祝枝山是怎么念的吗?

## 【妙趣解析】

明日逢春好,不晦气;终年倒运少,有余财。

此地安,能居住;其人好,不悲伤。

# 王小二戏财主

王小二生于一个贫寒的农家,小时候专门替财主放牛,放牛的时候,常常在青石上写字画画,晚上则会到寺庙中借着长明灯看书。长大之后,由于没有考取功名,心灰意冷,于是跑到九里山隐居去了,靠卖画维持生计。他最喜欢画墨梅,在当地渐渐有了名气。

在当地流传着一个关于王小二的故事,说他小时候替财主放牛,有一年的年终该领工钱了,财主突然给他出了一道难题,说:"你必须回答我一个问题,如果答对了,我就给你工钱,倘若答不了,那么你就只能分文不取了。"王小二勉强同意了。于是,财主说道:"很久以前,有几个穷人在田地里锄土,忽然挖出了一块璧,这几个穷人便叫嚷起来,认为这是一块宝贝,不如几个人平分了吧。然后,他们就摔碎了这块璧,一人分得一块。可是他们根本不知道,这块璧本来价值连城,然而一经打碎,那就一文钱也不值了。这是一个故事谜,打一个字,你能猜出是什么字吗?"

王小二想了一下立即回答道:"这有什么难的。这个故事说的不过是穷人分了宝贝之后还是穷,应该是'贫'字。"财主见没有把王小二难住,只好给王小二付了一年的工钱。

王小二拿到了全部的工钱,心中高兴不已。停了一会儿,便对财主说道:"老爷,我也出一个故事谜,打一字。倘若老爷猜对了,我就给你白干一年;倘若猜不出,那我只能告辞回家了。"财主答道:"你不妨说说看!"王小二说:"很久以前,有一个财主想到外面做大生意、赚大笔的钱,之后他便雇请了一个伙计,而且还在契约上写明出钱的是财主,出力的是伙计,赚钱之后,年终三七分成。生意一年做下来,果真赚了一大笔钱。财主想要独吞这笔钱,因此当伙计来分红的时候,财主便哭丧着脸说道'实在是太倒霉了! 前天我们分手的时候,由于马受到了惊吓,狂奔乱跳,结果一不小心踏扁了装钱的箱子,现在没法把钱取出来'。这样一来,全部的钱就被财主私吞了。老爷,你猜这个字是什么?"

　　财主听完之后，不断地抓耳挠腮，可是怎么想也猜不出来。王小二差点忍不住就笑出来，于是把答案说了。财主一听，恼羞成怒，可是前面有了约定，只能隐忍不发，让王小二安全回家了。

　　你知道王小二说了什么吗？

**【妙趣解析】**

　　王小二说："老爷，这马踏扁了钱箱，就是马与扁合成一个'骗'字，财主总是喜欢骗人嘛！"

## 解缙化险

　　有一次，永乐皇帝让才子解缙在一把扇子上题诗，由于这把扇子上绘有西北风光，因此解缙就将王之涣的《凉州词》题写了出来："黄河远上白云间，一片孤城万仞山。羌笛何须怨杨柳，春风不度玉门关。"

　　然而没有想到的是，由于解缙的一时疏忽，居然漏写了诗中的"间"字。有奸人发现了这个疏漏，便暗中禀告了皇帝，永乐皇帝听说之后，不禁大怒，准备给解缙定一个"欺君之罪"。不料解缙临危不乱，不慌不忙地说："我这是根据王之涣的诗意，重新作的一首词。"话音刚落，解缙便在原无标点的诗中加上了几个标点。永乐皇帝一看，发现真的变成了一首完整无缺的词，这样一来，解缙便转危为安了。

　　请问，解缙是怎样在缺了一个"间"字的王之涣原诗中加上标点的呢？

**【妙趣解析】**

　　黄河远上，白云一片，孤城万仞山。羌笛何须怨，杨柳春风，不度玉门关。

## 张扬劝学

　　张扬的父亲是私塾老师，所教的孩子都是有钱人家的子弟，所以很难管教。一天，父亲因为生病不能去私塾，张扬只能代替父亲去。学生们一看张扬和他们年纪相差无几，更加不把他放在眼里，在课堂上一阵打闹。张扬看着眼前混乱的状况，突然灵机一动，想出一个办法，对学生说："我出一道题，如果你们猜对了,你们可以自由打闹;如果猜不出来的话,那就要听我的。"大家都感到很新奇,于是同意了他的建议,让他出题。张扬看着学堂旁边厨房里看到的一样东西,便随即作了一首诗:"嘴尖肚大个不高,放在火上受煎熬。量小不能容万物,二三寸水起波涛。"学生猜半天都没有猜出来,只能老老实实听张扬的话了。

那么,这个东西究竟是什么呢?

**【妙趣解析】**

水壶。

# 话中有话

维特在电视上看到播音员正在播报一条新闻:"今天晚上 7 点左右,一位 79 岁的老人在贝姆霍德花园街遭到了歹徒抢劫,后被枪杀而死。根据目击者的说法,凶手穿着一套绿色西装。若有知情者,请快速和警察局联系。"

维特住的这条街刚好就是贝姆霍德花园街,她感到有点心慌。就在这个时候,一个 35 岁左右的男子突然在阳台上的门口出现了,身上正穿着一套绿色西装,并且衣服上还有血迹。维特看到之后,吓得脸都变白了。

那人持刀威胁维特,让她将手表与金戒指交给他。这个时候,门外忽然响起了敲门声,歹徒用枪顶着维特的背,威胁道:"就说你已经睡觉了,如果让他进来,你小命不保。"

"是谁呀?"维特问道。

"我是韦尔曼警官,维特小姐,你这里没有发生什么事吧?"听到韦尔曼警官的声音,维特的内心平静了很多。

"是的。我已经睡了。"维特答道。停顿了一下,维特又用稍大的声音说:"韦尔曼警官,我哥也向你问好!"

"谢谢,我告辞了,晚安。"

没过多久,就听到了巡逻车开走的声音。

"干得还行,你的小命保住了。"

随后,歹徒便高兴地大口喝起酒来。忽然,很多警察一下子从阳台上的门外冲了进来,还没等歹徒反应过来,就把手铐铐在了他的手上。

韦尔曼警官关切地问道:"维特小姐,你没有事吧?刚才你真是太机敏了。"

请问,维特的机敏究竟表现在什么地方?

## 【妙趣解析】

韦尔曼警官是维特小姐的朋友,所以他很清楚,维特根本就没有哥哥。当维特知道门外是韦尔曼警官时,便故意说她哥哥也向韦尔曼警官问好,韦尔曼警官便知道是怎么一回事了。

# 走私犯

某国正在追捕一伙在逃的走私犯。查理在保安处供职,有一天他来到了黑塔旅馆,发现这家旅馆老板的朋友正是被追捕的那伙走私犯。因为这些人不清楚查理的真实身份,所以并没有注意他。为了将这伙走私犯抓住,查理急忙打电话通知了保安处。查理十分机智,装作与女友通电话。这伙走私犯听到的内容是:"亲爱的琼,你好!我是你的查理,昨天晚上身体不舒服,所以无法陪你去酒吧,多亏黑塔旅馆老板上次给我送了一些药,状况才稍有好转。亲爱的琼,千万不要和目标生气,我们会一生一世在一起的。对于我的失约,请你一定见谅!我们不是很快就要结婚了吗?今天晚上我会赶来再次向你道歉,亲爱的琼,再见!"那伙走私犯听了查理的这番情话,都禁不住大笑了起来,然而10分钟之后,正是因为这个电话,保安处的警员们才得以出现在黑塔旅馆,捉住了所有的走私犯。

请问,查理在打电话的时候,究竟做了什么手脚?

## 【妙趣解析】

查理有时捂紧话筒,有时松开手,这样一来,保安处就收到了查理如下"间歇式"的情报:"我是查理……黑塔旅馆……和目标……在一起……请……快……赶来……"

## 说谎的医生

杜医生因和一起富商被杀的案件有牵连,正在警察局录口供。
探员问:"你是在案发前到死者家里看病的吗?"

杜医生回答:"是的。"

"他为什么会在浴室中暴毙呢?整个浴室里面连天花板也都湿透了。"

"是……他在浴室里面淋浴的时候,可能因为突发中风,所以才暴毙的。"

"嗯……浴室里面的针药都是你的吗?"

"是,这是我从手提包拿出来的针药,正打算为他医治的!"

"咦?温度计怎么粉碎了?"

"的确是粉碎了,是我不小心摔破了。"

"杜医生,到底是因为什么病,病人才让你来的呢?"

"心脏病!"

"但是,你刚才不是说他是中风而死的吗?"

"呃……是中风……中风导致心脏病发作!"

"杜医生,我们警方认为你有杀人的嫌疑,怀疑你用热水炉行凶!"

探员为什么这么肯定呢,他到底有什么根据?

## 【妙趣解析】

事实上,杜医生的回答破绽百出。他先说病人是因为中风而暴毙的,后又说病人有心脏病,但这还无法让探员肯定他就是行凶者,浴室里湿透的天花板是最为重要的一点。杜医生趁死者心脏病发作晕倒在地上时,刻意开着热水炉,从而使室内温度升高,接着把门关紧。就这样,浴室就如同蒸汽室一般,因为温度超常,所以连温度计也无法承受而自行破裂了。不要说是心脏病患者,即便是正常人也会送命。

## 上山砍柴

孙膑和庞涓是鬼谷子的两名得意弟子。有一天,鬼谷子对孙膑和庞涓说:"你们每人一天去给我砍回'百担榆柴'。"第二天一大早,庞涓就把扁担扛在肩上,拿着斧子到山上去了。孙膑却大大不同,他从从容容地把早饭吃了,拿了几本书,到了山上之后,便找了一个僻静的地方看起书来。庞涓心想:我比孙膑的身体要强壮几倍,他肯定不是我的对手。庞涓拼命地劳作,天黑时他还只砍了99担榆柴。而孙膑直到天色快要暗下来的时候才把书掩上,将一根粗柏树枝砍了,当作扁担,接着又砍了两捆榆枝,然后便挑着这一担榆柴下山了。事实上,鬼谷子只是想考一下两名弟子的才智。最后,只砍了一担柴的孙膑受到了鬼谷子的夸奖。请问,这是为什么?

【妙趣解析】

"百"与"柏"同音,鬼谷子说的是"柏担榆柴",而不是"百担榆柴",庞涓没有转过弯来。

## 奇怪的纸条

8 月中旬,Z 城的走私活动正猖獗,为了严厉打击这一犯罪活动,特警支队派出了两位擒拿格斗高手,让他们化装成黑市商人,在罪犯们的习惯活动地点假装出售玉器古玩,等待"鱼儿"入网。没多久,一个提着皮包的人悠悠地从巷口对面的小餐馆走过来。两位擒拿格斗高手脑海中同时闪了一下,他们发现这个人就是严打活动中通缉的在逃犯,于是三拳两脚就把嫌犯抓捕了,并在他的皮包中搜出了一支手枪和一张奇怪的纸条,纸条上面写着"胖子逃树中不训话了"。特警支队的破译专家在极短的时间内就做出判断,肯定这张纸条上的文字就是该走私集团的秘密联络暗号。特警支队经过周密的部署,与公安局无间配合,终于将这个走私文物的犯罪团伙全部捕获了,为人们除了一害。

请问,那张纸条上的秘密联络暗号是什么?

【妙趣解析】

"胖",即"月、半",也就是十五日;"子"是子时,即午夜时分;"逃树中"剩下一个"村"字;"不训话了"是一个"川"字(河)。即:十五日午夜(十一时至一时)在村子的河边碰头。

## 古今天下第一联

云南滇池大观楼上的长联堪称"古今天下第一联",为清朝孙髯翁所作。此联一共有 180 个字,如果能成功地为它加上标点断句,那么你就可以领略滇池风貌了。

上联:五百里滇池奔来眼底披襟岸帻喜茫茫空阔无边看东骧神骏西翥

灵仪北走蜿蜒南翔缟素高人韵士何妨选胜登临趁蟹屿螺洲梳裹就风鬟雾鬓更苹天苇地点缀些翠羽丹霞莫辜负四周香稻万顷晴沙九夏芙蓉三春杨柳

下联:数千年往事注到心头把酒凌虚叹滚滚英雄谁在想汉习楼船唐标铁柱宋挥玉斧元跨革囊伟烈丰功费尽移山心力尽珠帘画栋卷不及暮雨朝云便断碣残碑都付与苍烟落照只赢得几杵疏钟半江渔火两行秋雁一枕清霜

## 【妙趣解析】

上联:五百里滇池,奔来眼底,披襟岸帻,喜茫茫,空阔无边!看,东骧神骏,西翥灵仪,北走蜿蜒,南翔缟素,高人韵士,何妨选胜登临,趁蟹屿螺洲,梳裹就风鬟雾鬓,更苹天苇地,点缀些翠羽丹霞,莫辜负四周香稻,万顷晴沙,九夏芙蓉,三春杨柳。

下联:数千年往事,注到心头,把酒凌虚,叹滚滚,英雄谁在?想,汉习楼船,唐标铁柱,宋挥玉斧,元跨革囊,伟烈丰功,费尽移山心力,尽珠帘画栋,卷不及暮雨朝云,便断碣残碑,都付与苍烟落照,只赢得几杵疏钟,半江渔火,两行秋雁,一枕清霜。

## 玉房怨

自古民间多才女,清朝末年,有一位叫顾春的女子,正值妙龄之年,受父母之命、媒妁之言,无奈嫁给了一个富家子弟。然而结婚不久,那个富家子弟便对顾春冷淡了,经常夜不归宿。

有一年,正值元宵佳节,顾春一个人坐在房中,孤独之余,不禁百思涌上心头,于是将笔墨香笺取了出来,信笔在纸上写了一首《玉房怨》:

元宵夜,兀坐灯窗下。

问苍天,人在谁家?

恨玉郎,全无一点真心话。

叫奴欲罢不能罢。

吾今舍口不言他,

论交情,曾不差,

染尘皂,难说清白话,

恨不得一刀两断分两家。

可怜奴,手中无力难抛下,

我今设一计,教他无言可答。

顾春的这首《玉房怨》传出来之后,文人雅士争相吟诵,且做出了各种各样的评论,只是水平都比较一般。

有一天,这首《玉房怨》的手稿落到了一位才子的手中,这位才子看过之后,大声喝彩道:"这位才女为情造文,不光词如鼓瑟,声声见心,并且还蕴含妙趣!"周围听的人一时无法理解,都问此诗到底有什么妙趣? 才子解释后,众人叹服,无不称赞顾春的才华。

【妙趣解析】

这词蕴含了十个字:一、二、三、四、五、六、七、八、九、十。第一句:元宵的"元"字,把"兀"字"坐"了下去,就只剩下"一";第二句:"天"字无"人",正是"二";第三句:"玉"无了"一""点"就是数字"三";第四句:繁体字"罷"为上面"四"、下面"能","罷"字去了"能"就是"四";第五句:"吾"舍了"口"就是数字"五";第六句:"交"没有"差"(×)就是"六";第七句:"皂"去了"白"就是"七";第八句:"分"字断了"刀"就是"八";第九句:"抛"字去掉"手"和"力"就是"九";第十句:"计"无"言"就是数字"十"。

# 佛书上的文字

佛书上有这么一段文字:"知止而后有定定而后能静静而后能安安而后能虑虑而后能得。"

了空每天是这么诵念的:"知止而后有,定定而后能,静静而后能,安安而后能,虑虑而后能,得。"无论如何,他都无法理解这句话的意思,特别是最后那个"得"字,真是有点画蛇添足,让人摸不着头脑。

了静也感到非常奇怪,觉得后面加一个"得"字的确很绕口,并且还认为,整个句子即便去掉那个"得"字,也很难读不通。"知止而后有定定,而后能静静,而后能安安,而后能虑虑,而后能得。"了静觉得这样诵念也有些滑稽,摸了摸后脑勺,不禁笑了起来。

请问,你可以帮他们把这段文字加上标点吗?

【妙趣解析】

正确的标点是:知止而后有定,定而后能静,静而后能安,安而后能虑,虑而后能得。

## 短信的意思

在某城市,有一个小伙子与一个漂亮姑娘,他们在同一个单位上班,每天低头不见抬头见,在一起工作很合得来。有一天,小伙子给姑娘发了一条短信:牛靠和尚屋,两人抬一木,两木不成林,水中鸳鸯成双对,一心两意记念谁,丝线穿针十一口,女士还在日上游。

姑娘看完之后,思考了很长一段时间,也用短信回了小伙子一首诗:树撑天枝难寻觅,怀抱可怜却无心,赵国有妃不是女,鹅血满天鸟难得,远去不想囊羞涩,受尽苦难又换友,无奈心中只有您。

后来……

故事还没有说完,只有将小伙子与漂亮姑娘说的是什么猜出来,才有可能知道他们俩的结果。那么请问,他们这究竟说的是什么呢?已知每句打一字,连起来各是一句话。

### 【妙趣解析】

小伙子的短信谜底是:特来相亲想结婚。姑娘的短信谜底是:对不起我不爱你。

## 智译电文

一份神秘的电文被 S 市警局截获,这份电文是这样的:朝,货已办妥,火车站交接。经过认真的分析,警方推断这是一伙犯罪分子在进行一项秘密交易。警局马上召开会议,打算将这伙犯罪分子抓获。然而在这份电文中,只写了接货地址,而没有写具体的接货时间,这样对于破案便有些无处着手了。这个时候,小张提出:"从今天开始,对候车室进行严密监视,直到把罪犯抓获为止。"在座的绝大多数同志认为也只能如此。只见侦察员老王沉思了一会儿,之后便说出了罪犯的接货时间。按照老王的判断,警方果真在这天将这一走私集团抓获了。

请问,你可以破译这份电文吗?

**【妙趣解析】**

将"朝"拆开,即为"十月十日",此外"朝"还有早上的意思,因此老王判断,接货时间应为"十月十日的早上"。

# 打遍天下无敌手

有几个猜谜大王,自称打遍天下无敌手,经常在各地大摆擂台,让参与者和观看者都大为过瘾。有一天,他们又将龙门阵摆开了,自然还是大获全胜,由此更是得意非常。

"各位乡亲父老,今日的擂台赛就到此……"

"且慢,我还有一个问题要问。"只见一位白发老翁从人群中站了出来,并说道:"请问用什么办法可以将世界上全部的谜都解开呢?"

一时间,这几个猜谜大王都无言以对了。

请想想,应该怎样回答老先生的问题?

**【妙趣解析】**

用"答案"可以解开世界上全部的谜。

# 腊子桥

有一天,某市公安局刑侦处的熊处长接了一个从温阳镇派出所打来的电话,电话中说,警方在当地破获一个走私集团案的时候,在罪犯的身上查获了一张小纸条,上面写有"腊子桥"三个字。根据判断,这有可能是走私集团所使用的暗语。

在去温阳镇的路上,熊处长边走边想,温阳镇只有一座桥——解放桥,如果纸条上的"桥"就是指的解放桥,那么"腊子"二字一定就是接头时间了。熊处长是一个思维非常敏捷的警官,他又想到现在正是春节前,和"腊"的确很有关系。如此,在三天之后的一个深夜,熊处长及其助手根据被破译的"暗语",果真逮捕了前来接头的罪犯。

请问,"腊子桥"三个字到底暗喻着什么?

【妙趣解析】

在温阳镇,只有一座名叫解放桥的桥,所以"腊子"一定是接头时间。所谓"子",应该是子时,也就是深夜十一点至凌晨一点。当时正是腊月,"腊"的一半是"昔",据此,便可以得出"腊月二十一日深夜十一点至凌晨一点接头"的暗语。

## 无法知道的事情

哈伯是当代的一位大思想家,有一次,他应邀去梅兰城演讲。消息传开之后,全镇人都为之兴奋不已,大家都期盼可以身临其境地一睹大思想家的风采,向他提出一些很久以来都困扰着大家的问题。哈伯的演讲终于开始了,大思想家的睿智与口才将在场的听众都迷倒了。

镇上的人们提了很多关于人生的问题,哈伯先生有问必答,滴水不漏。这个时候,只见一只小手在人群中高高地举了起来,原来是一个少年请求提问。"哈伯先生,人最想知道但又不能知道的事情是什么?"

请猜猜,对于少年的问题,哈伯先生是怎样回答的?

【妙趣解析】

人最想知道但又不能知道的事情——人死之后干什么。

## 父与子的对话

一户人家有父子二人,他们之间说话时通常比较含蓄幽默,从不开门见山。新年将至,父亲高高兴兴地叫来了儿子,问道:"你在外面玩些什么呢?"儿子说:"阶下儿童仰面时,清明装点最堪宜。游丝一断浑无力,莫向东风怨别离。"父亲听了之后,便说:"明日,我再为你做一个,你到街上去给我买一样东西回来。"儿子问:"那么是买什么东西呢?"父亲说:"能使妖魔胆尽摧,身如束帛气如雷。一声震得人方恐,回首相看已化灰。"儿子听完之后,便到街上去了,果真买来了父亲所需要的东西。

请问,儿子在玩什么,父亲要儿子买的又是什么呢?

【妙趣解析】

儿子在玩"风筝",父亲要买"爆竹"。

# 一幅不收钱的画

清朝末期,有一个喜欢云游四方的道士,他的知识非常渊博,画得一手好画,且酷爱猜谜。

某日,这位道士来到了京城,心想:"大家都说京城里有很多人才,我倒要见识一下。"于是,道士精心画了一幅画,画的是一只黑毛狮子狗。狗画得活灵活现,特别是那一身皮毛,油黑发亮的,更是让人不得不佩服。道士走上了闹市,将画悬挂在路旁,顿时把很多行人看客招了过来。有人拿出钱想买这幅画,道士却微笑着说:"我这幅画是不打算卖的,无论出多少钱,我也不会卖。在这一幅画中,藏有一个字,如果哪个人猜中了,我将分文不取,把这画白白送给他。"

围观人群一听,天底下居然有这样的便宜事,一文钱都不要花,就可以白白得到一幅好画,于是争先恐后猜了起来。然而猜了大半天,还是没有一个人猜中。这个时候,来了一位老者,他将众人分开,走到前面去,把画摘了下来,小心卷好,也不说话,夹起来就走了。围观群众看了很是愕然,道士也跑上前问道:"老翁,你还没有猜呢,怎么就把我的画拿走了?"老人依然一声不吭,继续往外走。围观人群也七嘴八舌地嚷开了:"嘿!先不要拿画,你得先把谜底说出来。"老人就像聋了一样,仍旧不吭声,只往前走。道士看到此情此景,不禁哈哈大笑起来,继而说道:"老翁,你猜中了!猜中了!"

请问,这位老翁为什么就猜中了呢?

【妙趣解析】

道士画中的"黑狗",隐喻着"黑犬"的意思。"黑"与"犬"合成,即是"默"字。而老人自始至终都默不作声,这样一来,道士就明白他猜中了。

# 苏小妹试夫

大诗人苏东坡的妹妹苏小妹,从小习读诗文,精通经理,是一个非常有才识的女人。苏小妹16岁的时候，有很多人上门求亲，但小妹觉得自己年纪还轻，不打算过早结婚，想在年轻的时候多学一点东西，所以对前来说亲的人十分讨厌，但又不能失礼！于是她便想出了一个办法，要全部的求婚者答三道题，如果答对了的话，就以身相许。

第一题，猜人名。展翅翱翔，飞鸟归房，小人掌印，凿壁借光，昔日为雄，远境闲逛，娃娃献计，红热具藏。

第二题，猜物名。越大越好过，越小越难过；越短越好过，越长越难过；白天还好过，晚上更难过。

第三题，猜字谜。东境脚为佳，女未肯成家，半口吃一口，音息心牵挂。

苏小妹的三道难题被求婚者获知之后，有很多人都前往应试，但大部分只答对了第一或第二题，最终还是败下阵来，扫兴而回。某日，苏轼的好朋友秦少游前来应试，事先已经和苏东坡见了面。很早之前，苏东坡就有意将妹妹许配给秦少游，于是提示说："我妹妹的三道题，都是谜！"秦少游听后十分高兴，随即便去找苏小妹答题，结果三道难题全部都答对了，最后，小妹和秦少游结成了百年姻缘。

**【妙趣解析】**

人名是：张飞、关羽、孙权、孔明、陈胜、陆游、孙策、朱温。物名是：独木桥。字谜是：小妹同意。

## 知县猜谜语

古时候，有一个姓吴的知县，能书善讲，文笔不凡，自认为是天下第一才子。某日，他和张知县一起猜谜，谜面是由临乡李秀才出的：东南西北路条条，八万雄兵手提刀。一子一女并排坐，天上绿竹喜弯腰。

吴知县和临乡的李秀才素有文字上的交情，于是他很快便将谜语猜出来了，心里十分得意，便兴高采烈地跑到了李秀才家，夸耀道："今天我又把你出的一个谜语猜了出来，我真是不得不佩服我自己啊！"李秀才笑着说道："我这里还有一个谜面，打一字，你不妨猜猜看——两个幼儿去爬山，没有力气爬得上。归家又怕人笑话，躲在山中不肯还。"

吴知县一下子被这道题难住了。

请问，第一则谜语打一句什么话？第二则猜的是什么字？

【妙趣解析】

第一则谜底为：十分好笑；第二则谜底为：幽。

# 农夫戏学究

有一个老学究，喜欢四处卖弄自己的"学问"，十分讨人嫌。他认为自己做谜语的水平很高，因此常常出谜语让别人猜，想令别人难堪。然而每次他都无法难倒别人，别人一猜就猜中了。

某日，老学究实在是闲得无聊了，便出来逛逛，不知不觉就走到了郊外，看到前面田地里有一个老农夫，正低着头挖地。老学究心想："这下又有机会了！老农夫整天摆弄的只是铁锹锄把，不可能有学问，不如我给他出个谜语，考一考他，同时也让他见识一下我的学问。"于是，老学究便快步走到了农夫的面前，说道："老农家，我有一个小小的谜语，不知道你愿不愿意猜？"老农夫答道："你尽管说吧！"老学究便道："长脚小儿郎，嗡嗡入洞房，欲饮朱砂酒，一拍见阎王。"老农夫听完之后，不禁笑了起来，继而说道："老夫这里也有一个谜语，你不妨也猜一猜——信号一声响，红娘上跑道，一圈一圈跑完时，不见红娘不见道。"老学究听后，一时间便愣住了，抓耳挠腮就是想不出来。看到他这一副难堪相，老农夫便笑着说："实话跟你说吧，你的谜底一旦看到我的谜底，就会一下子吓跑的。"老学究越听越羞愧，随即扭转身子逃走了。

请问，老学究和老农夫的谜底分别是什么？

【妙趣解析】

老学究的谜底是"蚊子"，老农夫的谜底是"蚊香"。蚊子见到蚊香，自然要马上逃走。

# 一轮明月挂天边

根据野史记载，明朝正德年间，在粤州城西有一家小酒店，虽然是陈缸佳酿，酒味醇厚，可是由于店面不太起眼，所以生意一直不好。

某一年的八月，有一位名叫伦文叙的才子，为了参加科举考试，乘船来到了粤州城。伦文叙路过这家小酒店时,顺便买了二两酒,喝完之后,便赞不绝口地说道:"入口醇正甘洌,下肚绵柔回甜,余香悠悠,果然是好酒!"

伦文叙赞完之后,却看到老板一副愁苦相,于是便询问原因,才知道该店生意一直都不好,很少有人问津。伦文叙听完之后,笑着说道:"老板无须发愁,我有办法使生意兴隆起来!"说罢,便让酒店老板将文房四宝取来,一首诗一气呵成,之后便让酒店老板张贴在店门口。诗文如下:一轮明月挂天边,淑女才子并蒂莲;碧波池畔酉时会,细读诗书不用言!

在古代,嗜酒者一般都是一些文人墨客,他们经过此店一看,便纷纷进去喝酒,没过多久,生意当真兴隆了起来。

事实上,这首诗隐含了四个字。那么,这四个字究竟是什么呢?

**【妙趣解析】**

有好酒卖。

# 访友

一天,小王到小李家做客,一进门,他对小李双手抱拳,说道:"寺字门前一头牛,二人抬个哑木头,未曾进门先开口,闺宫女子紧盖头。"小李听后微一愣,然后心领神会,笑着答道:"言对青山不是青,二人土上在谈心,三人骑头无角牛,草木丛中站一人。"小王一听,小李已经明白了自己的意思,两人哈哈大笑起来。请问,两首诗的谜底是什么呢?

**【妙趣解析】**

"寺字门前一头牛"是一个"特"字,"二人抬个哑木头"是一个"来"字,"未曾进门先开口"是一个"问"字,"闺宫女子紧盖头"是一个"安"字,所以,小王的所说诗谜的谜底是"特来问安"。

"言对青山不是青"是一个"请"字,"二人土上在谈心"是一个"坐"字,"三人骑头无角牛"是一个"奉"字,"草木丛中站一人"是一个"茶"字,所以,小李的回答是"请坐奉茶"。

## 王员外考子

王员外中年得子,夫妻两人对儿子非常疼爱,特别注重教育和培养自己的儿子。有一天,王员外下班回来之后,便带着儿子去花园游玩,一边散步,一边为儿子讲一些古代名人的故事:"孔子原本是鲁国大贵族手下的一个小官吏,职务是主管仓库,每天他都在库房里面数数码,画记号,监督财物的出入情况。后来,齐景公询问孔子治理国家的办法,孔子答道'理在节财'。"

讲到这里,王员外为了考儿子,便编了四句诗谜:"一宅分成两院,五男二女当家。两家打得乱如麻,打到清明方罢!"接着又说道:"孔夫子在世的时候还没有这种物品,而现在则四处都是!"

儿子向来聪颖,对于父亲的考问,他并没有做出直接的回答,而是吟了一首诗作答:"古人留下一座桥,一边多来一边少。少的要比多的多,多的反比少的少。"王员外一听,高兴得直摸儿子的头。

请问,王员外及其儿子所吟的究竟是什么东西呢?

**【妙趣解析】**

算盘。

## 蟹灯骂秦桧

宋室南渡之后,秦桧掌握了权力,他肆无忌惮地谗害忠良、巧取豪夺,百姓敢怒而不敢言。有一年元宵,宋高宗赵构为了粉饰太平,下了一道命令,要求百姓献灯。在千奇百怪的彩灯中,有一盏蟹灯非常引人注目,只见它怒张着大钳,齐伸着八足,真是活灵活现。然而让人奇怪的是,在八只蟹脚的尖爪上,分别粘有一个字,连起来读是:"春来秋往,压日无光"。赵构站在蟹灯前想了好一阵子,始终没有猜出这八个字的含义。

这个时候,擅长拆字的谢石已经知道了,于是他便在旁边提示说:"皇上,蟹是一种横行无忌的动物,百姓以此献灯,其中必定隐有深意。"赵构沉吟了一会儿,便叫太监将蟹灯送给了秦桧。秦桧收到蟹灯,看到这八个字之后,顿时恼羞成怒。由于没有办法找出献灯的人,所以最后借故杀掉了谢石。原来将这八个字合到一起,是一个字谜,而谢石早已经猜出来了。

请问,这一字谜是什么?

**【妙趣解析】**

"春无日""秋无光(火)",即"春"字去掉"日","秋"字去掉"火",合在一起正好是个"秦"字,暗示秦桧像螃蟹一般横行霸道。

# 摇钱树

古代有一个人在很小的时候就好吃懒做,长大之后,恶习仍然没改,整天只知道东游西逛、吃喝玩乐。后来,父亲的遗产都被他糟蹋干净了,甚至连吃饭都成了问题。但即便这样,他还宁愿饿着肚子也不想去干活。

某日,他从别人的口中听说有一种摇钱树,只要用手摇一下这种树,那么钱就可以哗哗哗地往下掉。懒汉心想:"这种摇钱树,我一定要找到,一旦找到了它,那么我这一辈子荣华富贵就享用不尽了。"于是,他逢人就打听:"摇钱树在什么地方,你们这里有没有摇钱树?"人们被问得稀里糊涂,都以为自己遇到了精神病患者,于是也不怎么搭理他。就这样,懒汉问了99天,也没有问出一个结果来。虽然筋疲力尽,但他仍不死心。在第100天的时候,他看到了一个老农夫正精神饱满地在田地中干活,于是向前拱了拱手,礼貌地问道:"老大爷,你清楚哪个地方长有摇钱树吗?"老农夫将懒汉上下打量了一番,接着便笑着告诉他:"你要寻找的这种摇钱树,事实上任何地方都有。"懒汉一听,急匆匆地说道:"老大爷,麻烦你赶快带我去找一棵吧!"老人家将手摆了一下,说道:"你先不要急,让我先告诉你摇钱树是什么样子的,这样的话,你自己就可以找到它了。你给我认真听着'摇钱树,两枝杈,两枝杈上十个芽,摇一摇,开金花,柴米油盐全靠它'。"

懒汉一听,如梦初醒,连连向老农夫道谢。从此之后,他遵守老人的指教,日子一天比一天过得好了。

请问,老农夫说的摇钱树到底是什么?

**【妙趣解析】**

老农夫说的"摇钱树",其实就是"双手"。

# 打半句七言唐诗

苏东坡与袁公济是好朋友，袁公济知道苏东坡是一个全才，即便是对对联和猜谜，也都是一把好手，普通的谜是无法难倒他的。有一次，他们俩在外面踏着雪观赏美景。这个时候，路上的积雪已经厚达一寸多了，于是袁公济说道："我这里有一个谜，想请教请教苏兄，不知你能否猜出来？"苏东坡听后，便微笑着说："赏雪猜谜，这倒也是一件雅事，请袁兄出谜面吧！"

袁公济说道："雪径人踪灭——打半句七言唐诗。"

苏东坡听后，心里暗暗吃惊，不禁想："天底下猜谜语，哪曾有过只猜半句诗的道理，而且是七言诗中的半句，到底是三个字还是四个字呢？或许三个字、四个字都不正确，而是七个字的一半，即三个半字。"虽然苏东坡熟读唐诗，但面对这个谜面，却也一时无从下手。当时他们俩正往龙泓寺走去。突然，一群小鸟从路旁的树林中飞了出来，向着天排成一线飞去。苏东坡不觉灵光一闪，再认真想了一下，含笑点头，心里暗暗佩服袁公济的半句诗谜做得很是巧妙。不过，苏东坡却也不想立即将谜底说穿，也想趁这个机会，把袁公济难一下，于是用手指着远远飞去的鸟，继而说道："袁兄，你观赏一下天上的景色，我现在也给你出一个谜，谜面就是'雀飞入高空'，也打半句七言唐诗。"

一时间，袁公济没有理出头绪来。苏东坡又说道："如果你把我的谜猜出来了，那么我也就把你的谜猜出来了。"又过一会儿，苏东坡俯身将一句七言唐诗写在了雪地上：一行白鹭上青天，并在"鹭"字的中间拦腰一划。袁公济恍然大悟，并拍手大赞道："苏兄，你真不愧是天下第一奇才，小弟着实佩服！"

## 【妙趣解析】

苏东坡所猜的谜底是上半句——一行白路（鹭）；袁公济所猜的谜底是下半句——鸟上青天。

# 诗歌形式的谜语

我国古代有一个传统谜语，是用诗歌的形式流传下来的。谜面看起来非常复杂,而事实上谜底却十分简单。一句猜一字,打十个字,你能猜出来吗?

　　百万军中斩白旗,

　　天下无人能与敌。

　　秦王斩了余元帅,

　　割尽西邻北疆地。

　　吾今不必多开口,

　　歧路交叉无尽头。

　　化身无人来代位,

　　分手不记带刀回。

　　一丸妙药吃一点,

　　千日夫妻一撇离。(打十个字)

## 【妙趣解析】

一、二、三、四、五、六、七、八、九、十。

# 数字镶边谜

　　数字镶边谜是中国古代流传下来的一种诗体字谜,这种字谜的特别之处是每句诗的第一个字都为数字,并且语义均和谜底有关。下面是我国古代流传下来的一则传统数字镶边谜,打十个字,谜面看起来比较复杂,谜底却非常简单,不妨猜一下。

　　一分为二,

　　二人上火,

　　三颠四倒,

　　四人在下,

　　五人并坐,

　　六斤差点,

　　七进家门,

　　八把尖刀,

　　九个窟窿,

　　十有八九。(打十个字)

**【妙趣解析】**

丫、夫、泪、署、伍、兵、它、分、究、杂。

# 第二章

## 幽默逻辑思维游戏

　　幽默是一种巧妙的语言形式,其特性是用曲折、含蓄的表现方式让人领悟,而不是直接表达。俗语中就有很多含蓄的说法,比如说某人"不卖油,光卖梆子",即暗示"只会说,不会干"。这种语言形式充满技巧,听着有趣,既会把人逗乐,也会从某个方面表现语言的本质。

## 两人的不同之处

某家的女佣人犯了一点小错误,女主人将其大骂了一顿。男主人看到这个情景,心里十分过意不去,于是低声安慰女佣人道:"请你不必难过,我妻子的为人就是这样,总是喜欢无理取闹,我与你一样,根本就受不了。""先生,你的话错了,我与你不一样。"女佣人说。"都是挨这个女人的骂,又有什么不一样呢?"男主人不解地问。于是,女佣人说了一番话,女佣人的这番话让男主人哭笑不得。

请问,他们两个人究竟有什么不同呢?

【妙趣解析】

女佣人说:"我只要说一声不干了,就可以永远不再受她的气,可是先生,你能吗?"

## 国王的游泳池

在一次晚宴上,国王对众人夸耀道:"在我的王宫里,一共有三个游泳池,其中有一个泳池是我的最爱,当我想去这个泳池游泳时,必须行走200米的距离。"站在一旁的阿凡提调侃道:"国王,我和你就不一样了,我走到自己喜欢的游泳池,需要行走300米。"当然,阿凡提并非富翁,那么他的话到底是真的还是假的呢?

【妙趣解析】

阿凡提说的话是真的。阿凡提所说的游泳池,事实上是公共浴池。乐观者和悲观者,虽然身处同一现象,却往往会产生截然不同的两种联想。阿凡提的思考方式可以归为乐观型。

## 夫妻之间的对话

约翰和玛丽夫妇已经结婚七年了,最近在他们家的隔壁,搬来了一对新婚夫妇。几天之后,玛丽对约翰说:"隔壁的男主人真是太疼爱自己的太太了！我发现,他每天早上出门的时候,都会把太太的手拉在手中,吻了再走,真是太浪漫了、太有情调了,为什么你就做不到呢?"约翰的回答让玛丽哑然失笑。

请问,约翰是如何回答玛丽的?

【妙趣解析】

约翰回答:"我和她还没有那么熟,怎么可以对她那么亲热!"

## 唠叨的妻子

妻子终于停下了自己喋喋不休的唠叨,她用手按着电灯的开关问丈夫:"亲爱的,家里的门窗都关好了吗?"丈夫很有耐心地回答:"亲爱的,该关的都已经关好了,除了……"

请问,丈夫后面想说什么?

【妙趣解析】

丈夫说:"该关的都已经关好了,除了你的话匣子。"

## 一道作文题

老师给学生们布置了一道作文题,题目为"假如我是一位经理"。绝大多数学生立即就埋头写了起来,只有一位男生抄着手,闲靠在椅子上,好像没事人一样。老师问这位男生为何不写,他的回答让人哭笑不得。

请问,男生究竟是如何回答老师的问题的?

【妙趣解析】

这位男生回答说:"我在等秘书。"

## 保密的罗斯福

罗斯福任美国总统之前,在海军部当助理部长。某日,一位好友来拜访罗斯福。谈话期间,朋友问了一件关于美国海军在加勒比海某岛建立基地的事。

他的朋友说："我只希望你告诉我,我所听到的关于基地的传闻是不是真的?"

在当时,这个朋友要打听的事属于政府的私密,一旦公开,后果将不堪设想,可是既然是好朋友相问,那么应该怎样拒绝才好呢?

罗斯福向四周望了望,接着便压低声音对朋友说："对于不便外传的事情,你能保守秘密吗?"

好友急切地回答："当然能。"

"那么,……"罗斯福微笑着说了一句话,令朋友哑然失笑。

请问,罗斯福到底说了什么话?

【妙趣解析】

罗斯福说："我也能。"

## 莫里哀的幽默

莫里哀是法国著名剧作家,有一次,一位朋友问他："某个国家有一位皇帝,为什么他在14岁时就已经治理国家,而到18岁时还不可以结婚呢?"对于这一问题,莫里哀做出了幽默的回答。

请问,莫里哀是如何回答的?

【妙趣解析】

莫里哀说："因为照应妻子比治理国家还难。"

## 各有其难

一个商人多次想把一位顾客的欠账讨回来,可是一直都没有达到目的。最后,他不得不使用计策了。于是,这位商人将一张小女儿的照片寄给了那位顾客,并在随寄的信中写道："我急着要钱的原因即在于此!"没过多久,商人便收到了一封回信,信中附有一张身穿比基尼装的妖艳的金发女郎,在照片的下方,还写有一行字。

请问,你能猜出照片下方写了什么?

【妙趣解析】

照片下方这样写着:你应该明白我没钱的原因了吧?

## 农夫和账房先生

账房先生为了戏弄一个农夫,对他说道:"喂,农民兄弟,你有几个爹爹呀?"农夫答道:"我有三个爹爹——亲爹、丈人爹、干爹。"接着,农夫又说道:"我已经说了,现在我想问,你有几个爹呢?"账房先生没有讨到便宜,反而被将了一军,无奈之下,只好装模作样地拨动起算盘来。没有想到的是,农夫又说出了一句惊人的话,让账房吃了一记哑巴亏。

请问,农夫又说了什么呢?

【妙趣解析】

农夫又说:"哦,我知道了,原来你的爹爹多得数不过来,必须用算盘来算!"

## 丈夫的嘟囔

两个妇人在一家茶馆一起喝茶。其中一个妇人说:"我真是太羡慕你了。你们夫妻结婚都已经20年了,你的丈夫依旧体贴备至地对你,每次停车的时候,我都发现他会走到车那边为你开门。"另一位妇人则说:"唉,你是有所不知! 他每次这样做的时候,嘴里都在不停地嘟囔……"另一位听后大笑不止。

请问,这位丈夫在嘟囔什么呢?

【妙趣解析】

这位丈夫嘟囔说:"即便明天再忙,也一定要将车门修好。"

## 恶魔的亲戚

丈夫喝醉酒,回到家中。妻子想吓一吓他,于是将白被单蒙在头上,藏在黑暗的房间里面,用伪装的声音喊道:"我是恶魔!"丈夫应道:"呵!那真是太好了,我和你原来是亲戚!"随后丈夫又说了一句话,妻子听后不禁哭笑不得。

【妙趣解析】

丈夫后面接着说:"因为我娶了你妹妹。"

## 老夫妇进餐馆

有一天,一对老夫妇进了一家餐馆,一起点了一道羊肉排。菜上来之后,服务员发现那位老太太一直都没有动刀叉。

于是服务员走上前去问道:"老太太,菜肴有什么地方不好吗?"

老太太面带笑容地说:"不,不,很好,先等我丈夫吃完……"

老太太的一番话让服务员哑然失笑。

请问,老太太接着说了什么话?

【妙趣解析】

老太太后面接着说:"我在等他的一副假牙。"

## 重温旧梦

有一对老夫妇,谈起了自己的青年时代。回忆遥远的过去,他们的心情不禁激动不已,于是他们决定和年轻的时候一样,定一个日子在河边约会。

到了那一天,老头儿手中拿着一把鲜花,来到了河边,等了很久,也不见老太太前来。最后,老头儿白等了一场,只好回家去了。他看到老太太正躺在床上,便大叫起来:"你为什么没有去呢?"

老太太将脸埋在枕头里面,羞怯地说了一句话,让老头儿哭笑不得。

请问,老太太说了什么话?

【妙趣解析】

老太太说:"妈妈不让我去。"

## 所剩无几

玛丽和丈夫杰姆一起来到婆婆家。闲谈的时候,婆婆不禁回忆起了50年前她结婚时的情景,连连说当年的婚礼举办得非常盛大,之后又拿出了多年来一直珍藏着的结婚礼物给玛丽和杰姆看。

玛丽说:"真厉害,太棒了,我结婚的时候,也收到了很多的礼物,可是现在所剩下的……"

玛丽的一席话,不禁让杰姆和婆婆感到难堪。

请问,玛丽后面说了什么?

### 【妙趣解析】

玛丽说:"可是现在所剩下的就只有杰姆了。"

## 爱吹嘘的地主

一个地主在王二麻子面前吹嘘自己的地盘怎样怎样大,他说道:"从我的土地这头到那头,即便是乘汽车,也要花上整整一个小时!"对于地主的吹嘘,王二麻子非常反感。你知道王二麻子是如何幽默地嘲讽地主的吗?

### 【妙趣解析】

王二麻子假装同情地对地主说:"是吗? 倘若我有部这样慢的老爷车就好了,我就敢开车了。"

## 高贵的血统

客轮的一个船舱里面坐着一个美国人和一个英国人,对于英国人的生活方式,那个美国人颇有微词,于是他便对那个英国人说道:"相比于美国人,你们英国人实在是太保守了,看一下我,血液中有很多高贵民族的血统,如俄国、西班牙、希腊和意大利等。"英国人望了望美国人,之后便进行了幽默而有力的回击。

请问,英国人是如何回击的?

【妙趣解析】

英国人说："你父亲真是伟大极了！"

## 单数还是复数

老师："尼克，你知道什么是单数，什么是复数吗？"

尼克："我知道。"

老师："那我现在就考考你，你认为'裤子'是单数还是复数？"

最后，尼克的回答让老师哭笑不得。

请问，尼克究竟是如何回答的？

【妙趣解析】

尼克回答说："上面是单数，下面是复数。"

## 活学活用

在美国的一所法律学校，某日考刑法，教授向学生们提出了一个问题："诈骗罪是什么意思？"一个学生回答说："倘若您不让我的考试成绩及格，那么您就犯了诈骗罪。"教授听后十分诧异："对于这个问题，你是如何解释的呢？"听完这个学生的回答，教授哭笑不得。

【妙趣解析】

这个学生说："根据刑法，凡利用他人的无知而使其蒙受损失的人则犯诈骗罪。"

## 海水斗量

某日，国王想出一道难题考考阿凡提，于是召唤他到了皇宫。国王问阿凡提："大海里面有几斗水，你清楚吗？"在场的大臣听到这个问题，觉得不好回答，于是都暗暗为阿凡提担心。然而，只见阿凡提眨了眨眼睛，很快就把一个让国王大笑不止的满意答案说了出来。

请问,阿凡提到底是如何回答的?

【妙趣解析】

阿凡提说:"要想知道海里面有几斗水,那就得看斗的大小了。倘若斗里可以装下的水是与大海一样多的,那么就只有一斗水;倘若斗里可以装下的水只是大海的一半,那么海里就有两斗水;倘若斗里可以装下的水只是大海的三分之一,那么海里就有三斗水……"

# 张狂的中国人

某大学教授教的中文班里有一个名叫约翰的美国留学生,对于汉字,他充满着浓厚的兴趣。有一次,约翰从街上回来,走进了这位教授的办公室,开口便说道:"老师,我感觉你们中国人太张狂了,一点都不谦虚。"教授听后很惊讶,于是问道:"为什么?"约翰继续说:"我走在大街上,看到了很多的大招牌,大部分都是在进行自我炫耀,比如说中国很行、中国人民很行、中国农业很行、中国建设很行、中国交通很行、中国工商很行……"教授想了一会儿,不禁大笑起来。

请问,大学教授为什么要发笑?

【妙趣解析】

因为约翰将"银"看成"很"了。

# 莫泊桑的胡子

莫泊桑是法国著名的小说家,他蓄着一把大胡子。某次,一位贵妇看到莫泊桑,便傲慢地对他说道:"你写的小说压根儿不算什么,但是你的胡子倒挺好看的。你为何要在自己的脸上留这么多的胡子呢?"听完她的话,莫泊桑幽默地回了一句话。你能想出莫泊桑是如何幽默地嘲讽她的吗?

【妙趣解析】

莫泊桑回答道:"至少可以给那些对文学一无所知的人一样赞美我的东西。"

## 天堂里面的游戏

几个著名的科学家在天堂生活着,由于上帝不准他们再研究科学,因此这些科学家们为了打发无聊,只好玩捉迷藏的游戏。

第一个抓人的是伽利略。当他数到 100 之后,便把眼睛睁开了,只见伏特趴在一个地方动也不动。

伽利略走了过去,对伏特说道:"我已经抓到你了。"

没想到伏特却反驳道:"错了,你没有抓到我。"

伽利略问道:"莫非你不是伏特?"

伏特说:"我是伏特,这没错,然而你应该看一下我的身下是谁。"

伽利略把头略低了一下,看到在伏特的下面居然躲着安培。

伏特:"我的下面是安培,因此我们两个合起来就是伏特/安培,因此你抓住的不是我,你抓住的是……"

伽利略反应灵敏,马上改口道:"欧姆,我已经抓到你了!"

说时迟,那时快,伏特与安培两个人立即站了起来,然而仍旧紧紧抱在一起,伽利略大惑不解。

伏特与安培两个人不紧不慢地说道:"现在,我们已经不是欧姆了,而是伏特×安培,也就是瓦特了。"

看到此情此景,伽利略感到的确有几分道理,于是改口道:"我终于把你们抓到了,瓦特!"

这个时候,安培优哉游哉地说道:"你看我们两个人这样抱着已经有好几秒钟了,因此,我们现在也不是瓦特了,而是瓦特×秒,也就是说,我们现在已经是焦耳啦! 你抓到的是焦耳!"

伽利略被他们两个人说得哑口无言,之后,便默默转身,恰好发现牛顿在不远处站着,于是他跑了过去,说道:"牛顿,我抓到你了。"

牛顿道:"错了,你没有抓到我。"

伽利略问:"莫非你不是牛顿?"

牛顿道:"我是牛顿,这没有错,然而你应该看一下我的脚下是什么?"

伽利略把头低了下来,看到牛顿的脚下是一块长宽皆为一米的正方形的地板砖,他挠了挠后脑勺,有些不解。

牛顿道:"我站在一平方米的方块上,这样一来就是牛顿/平方米了,因此你抓到的并非牛顿,而是帕斯卡。"

伽利略接连受挫,最后终于忍不住愤怒,想把心中的郁闷发泄出来,他一脚朝牛顿的身上踹去,牛顿顿时腾到半空中,飞出了那块一平方米的地板砖。伽利略接着吼道:"现在你还能说你是帕斯卡吗?"

牛顿慢慢地从地上站起来,不紧不慢地说道:"……"伽利略听后,彻底崩溃。

请问,牛顿究竟说了什么?

**【妙趣解析】**

牛顿说:"又错了,我现在已经不是帕斯卡了,你刚才让我移动了一米的距离,因此,我现在已经变成焦耳了,你手上抓住的只是焦耳!"

## 洞察天机

在著名画家毕加索面前,有位女记者这样问道:"为何成年男子看起来通常都要比成年女子年轻呢?"毕加索思索了一番,然后说了一句话,令女记者恍然大悟。

请问,毕加索是如何对这一问题做出解释的?

**【妙趣解析】**

毕加索说:"因为自称30岁的女人,一般都已经40岁了。"

## 从地面到天上

对于天地之间的距离,有人曾做过这样一番描述:"这个事情,我非常清楚,天地之间的距离不过三四百里。从地面到天上,慢走的话,四天就可以到,快走的话,三天就可以到,一个来回,六七天的时间就已绰绰有余了!"

请问,他这话的依据是什么?

**【妙趣解析】**

此人说:"我们在腊月二十三送灶王爷走,大年三十晚回来,七天一个来回。一天按一百里左右计,不是三四百里吗?!"

## 煮饭和嫁得出去

张太太对女儿说："小华,你经常把饭煮得半生半熟的,我看你以后怎么嫁得出去?"小华给了母亲一个幽默的回答。请猜猜,小华是如何回答的呢?

### 【妙趣解析】

小华说:"那只能等生米煮成熟饭的时候了。"

## 猜成语

有十只山羊,九只蹲在羊圈里,一只蹲在猪圈里。(打一成语。)
两颗蛋做成的信。(打一成语。)
有很多张嘴巴的蛇。(打一成语。)
用猪肝和熊胆做成的神奇肥皂。(打一成语。)

### 【妙趣解析】

抑扬顿挫(一羊蹲错)
信誓蛋蛋
七嘴八舌
肝胆相照(香皂)

## 米家一族

米的妈妈是谁? 米的外婆是谁? 米的爸爸是谁? 米的外公又是谁呢?

### 【妙趣解析】

米的妈妈是花,为什么这么说呢?"花生米"嘛!自然米的妈妈就是花了。米的外婆是"妙笔",因为有个成语叫作"妙笔生花"。爸爸当然是妈妈的恋人了,"蝶恋花",因此米的爸爸是蝴蝶。外公就是那个抱过米,也抱过花的爆米花。

## 勤劳与懒惰

从 1 到 9,哪个数字最勤劳,哪个数字最懒惰?

### 【妙趣解析】

俗话说,一不做,二不休,因此最勤劳的数字是"2",最懒惰的数字是
"1"。

# 第三章

## 缜密逻辑思维游戏

缜密思维是通过细致缜密的分析,从错综复杂的联系与关系中认识事物本质的思维能力。判断的准确性取决于多向度思维的缜密性。没有"水银泻地"般的缜密思维做前提,便不可能有"电火行空"般的判断。缜密思维要求我们不仅要想得到,而且还要想得多、想得细,要"想别人所未想"。

## 不合理的地方

外面飘着鹅毛般的大雪,有个人深夜回到家,冷得身上直打战。他急忙关紧门窗,在屋子里生起了煤炉。把煤加足之后,他就钻到被窝里去了,没过多久便睡着了。他陷入梦境中,梦到自己浏览了很多的名胜古迹,品尝了数不清的美味佳肴;他看到了一个花园,里面百花盛开;他看到了一座庙宇,气势如此雄伟;他看到了一座宝塔,真正高耸入云;他看到了一汪湖水,那样晶莹清澈……这一切都令他兴奋异常。后来他看见了一座终年积雪的高山,他兴致勃勃地攀登上去,越爬越高,也越爬越累,忽然之间,他觉得有些胸闷气短,呼吸越来越困难。"快要闷死我了,真的很难受……"没有等他说完,死神便骑在了他的头上。次日,人们发现他因为煤气中毒身亡了。

请问,这个故事有什么不合理的地方?

【妙趣解析】

没人知道死人梦境是什么。

## 老板的损失

有一天晚上,一位顾客来到了一家个体鞋店,他拿 10 元钱买了一双布鞋。这双鞋子 7 元一双,因此鞋店老板需要找给顾客 3 元。由于没有零钱,所以鞋店老板只能拿着这张 10 元的钱到隔壁小店换成零钱,接着再找给顾客 3 元。顾客接过找回的零钱,拿着鞋走了。次日,隔壁小店的老板说昨天换零的 10 元钱是假的,老板只好从自己的钱柜里拿出 10 元钱,叹气说:"今天的损失实在是太大了。"

请问,鞋店老板一共损失了多少钱?

【妙趣解析】

损失了 10 元,也就是一张假币的面值。很多人在思考这个问题的时候都容易想复杂,这样结果也会跟着错了。

## 到瑞士旅行

在瑞士居住着讲各种各样语言的国民,如德语、法语、意大利语、罗马尼亚语等。有一次,4个中国人旅游到了瑞士。在这4个人中,A会说的外国语有罗马尼亚语和德语,B会说的外国语有德语和法语,C会说的外国语有法语和意大利语,D会说的外国语有西班牙语和英语。这4个中国人来到了某个地方,那儿有一块广告牌,上面写着一行罗马尼亚文。A看完之后通过德语转告给了B。

请问,B可以将广告牌上的意思转告给C与D吗?

【妙趣解析】

可以,用中国话即可。

## 阿丙的父亲

阿丙的父亲一只脚有毛病。阿丙每天放学之后,都要到医院接爸爸,然后一起回家。有一年春天,刚开学不久,阿丙又到医院来了。护士小姐对阿丙说:"你爸爸现在正在进行手术。"阿丙像没事人一样,淡淡地说:"那可以,等他把手术做完了,我再来找他。"

请问,阿丙为何对父亲漠不关心呢?

【妙趣解析】

阿丙的父亲是个医生,他正在为病人做手术,所以阿丙自然不担心。上文中只说阿丙父亲的一只脚有毛病,阿丙每天到医院接父亲一起回家,却没有说阿丙的父亲每天到医院去治疗脚病。

## 时装表演

萧丽是一位时装模特,有一天她的妈妈来看她的表演。表演正式开始了,萧大妈看到台上轮流出来了4个漂亮的模特,但都不是她的女儿萧丽,直到第五个出场的才是萧丽。萧大妈还没看尽兴,萧丽就又进后台了。之后,又轮流出来 4 个穿着完全不同的模特,接着又是萧丽出场。于是萧大妈在心里想:"这时装表演队的模特真是太少了,前 4 个,后 4 个,加上萧丽,也只有 9 个人。"然而听她女儿说,时装模特表演队总共只有 5 个人。难道萧大妈的计算有问题?

【妙趣解析】

萧大妈的计算的确有问题,因为时装模特表演队是循环出场的,萧丽每次都排在最后一位,因此,事实上总共只有 5 位模特。

## 限制抽烟时间

每隔 10 分钟,乔治就会抽一根香烟,他以这种速度,一天可以抽 96 支。他的女友玛丽实在看不惯,于是便说:"乔治,你抽烟这么厉害,会大大伤害身体的,我看你的烟量至少要减少一半,在上午或下午的时候,要坚决禁烟。"乔治听完之后,便回答道:"玛丽,我可以将一天分成两个部分,只在其中的一半时间内用同样的速度抽烟,你看这样行不行?"玛丽觉得有进步,于是便答应了。之后,乔治的确遵守了这个要求,然而乔治的烟量还和以前一样,一根都没有少下来。

请问,这究竟是为什么?

【妙趣解析】

他将一天分成白天与黑夜两个部分,晚上是睡觉的时间,本来就不用抽烟。

## 陌生人

某天,陈七住进了一家旅店的一个房间,深夜忽然听到外面有人敲门,他打开门一看,眼前站着一个陌生人。陌生人扫视了一下陈七的房间,之后说道:"不好意思,我搞糊涂了,我还以为这是我自己的房间呢!"说完之后,他便急忙走了。陌生人刚走不久,陈七就认定这个人不是一个好人,于是马上拨通了电话,通知楼下的保安。保安人员反应很快,在门口一下子就将陌生人抓住了,经过一番搜索,发现他身上果然有盗窃工具和匕首等作案工具。

　　请问,陈七为何会知道陌生人不是好人的?

### 【妙趣解析】

既然陌生人要进入"自己的房间",那么为什么又要敲门呢?

## 印尼划拳游戏

　　除了中国有划拳游戏之外,印尼也有划拳游戏。在印尼的划拳游戏中,"人""蚁"和"象"就相当于中国划拳游戏里面的"石头""剪刀"和"布"。印尼划拳游戏中的"人""蚁"和"象"一般是用食指、小指和拇指来表示的。如果双方出一样的指头,就打成了平手,不分输赢。某次,有一个男子向对手说:"现在我们只划一次决胜负,就只出两种手势,一个是'人',另一个是'蚁'。如果打成平手的话,倘若双方都是'人',那么就算我胜;倘若双方都是'蚁',那么就算你胜。这样定规则,不仅非常公平,而且只要划一次拳,就可以决出胜负了。"如果让你来进行这种划拳游戏,在 5 次机会里面,你可以胜过那位男子几次呢?

### 【妙趣解析】

　　在 5 次这种划拳比赛中,你可能会全盘皆输。乍看之下,男子的提案的确让人觉得很公平,但其实好处全偏向了他自己。从平手时的规定来看,这个男子的对手如果不出"蚁"的话,那么就会让自己处于非常不利的地位;然而同样一个道理,这个男子如果不出"人"的话,也会让自己处于不利的地位。仅仅是"人对蚁"的时候,出"人"的那一方,也就是那位男子一方,一定会获胜。所以,不管如何出拳,都只对这个男子有利。

## 清水多还是果汁多

　　丽丽和安可两个人在一家饮品店喝东西,丽丽喝的是一杯果汁,而安可面前则摆着一杯清水。突然,安可用勺子从杯中舀一勺清水,然后倒入丽丽的果汁杯中,搅拌均匀,丽丽看着安可的做法有些不解,紧接着,安可把混合了清水的果汁,再次用勺子舀到了清水杯中,再次搅拌均匀,这时,安可看着满脸不解的丽丽,问道:"猜猜看,是加入清水杯中的果汁多,还是加入果汁杯的清水多呢?"丽丽看着两个杯子,陷入了沉思。

**【妙趣解析】**

无论是加入清水杯中的果汁,还是加入果汁杯中的清水,在经过搅拌之后,两杯的总容积并没有发生变化,加进去的果汁势必会把杯中的同等容积的清水排出,所以果汁杯中的清水容量和清水杯中的果汁容量是一样的。

## 读心术

将围棋子摆放成能看透人心的放大镜形状。请你的朋友从最下面的棋子开始按顺时针方向数数,数到圆圈中适当的地方。不要发出声音,只是在心里数,数到任何一个自己愿意的地方,然后再从数到最后的那个棋子开始,往刚才的相反方向再数回来。沿着圆圈数,数到和刚才相同的数字时停下来,然后记住那个最后数到的棋子,不要返回到黑色棋子的地方。无论你朋友数了多少棋子,你都可以猜到最后数到的那个棋子。

请问,你是怎么知道的呢?

**【妙趣解析】**

你朋友不管数了多少个棋子,最后所能记住的棋子都只可能是其中的一部分。换句话说,在这种情况下,这个棋子是从放大镜手柄的最上面一个棋子往左边数第 7 个棋子。大概到这里你就清楚了。不管你数到圆的哪个位置,只要你按同样的数字返回,结果都是从手柄部分的顶端以及圆圈向两边分开之外向左走和手柄部分相等的数字。相反算的话,就是不返回到手柄部分而返回到了和手柄数字相同处的圆圈中的棋子。

## 忘记安装的东西

老本宁顿五金新店有 4 个户主。上个星期,他们搬进了在弗莱尔·布莱尔庄园购买的房屋里。这个庄园共分 9 个单元,每个房屋都很漂亮。站在这里,可以看到整个鱼鹰湖。由于施工人员忘记在每个单元安装一种东西,所以 4 个户主都来到了五金店购买该物。每个价钱 1 元,而 8 也只要 1 元,16

则要 2 元。倘若顾客需要 150，那么总共要花 3 元。倘若订购 300，那么顾客也只需要支付 3 元。最后，顾客一共花了 4 元，每个人都买到了自己想要的东西，然后便开开心心地离去了。

请问，这几个顾客到底买了什么东西？

### 【妙趣解析】

房屋的施工人员忘记把门牌号安装在各个单元了。其中的 8、16、150、300 都是特体。五金店把这些号码以每个 1 元出售。因为弗莱尔·布莱尔庄园只有 9 个单元，每个单元只需要 1 个号码。所以，4 个顾客买 4 个号码，总共只需花 4 元钱。

## 可可豆盒

在一个趣味题里，有一个密封的贝克早餐可可豆盒，里面装满了可可豆。此外，还有一把尺子，长为 15 厘米。那么，你可不可以在不打开盒子的情况下，将盒子内部的尺寸测量出来，并将盒子主要对角线的长度计算出来？如从底部右侧前角 B 到顶部左侧后角 A 的对角线，盒子一共有 4 条这样的对角线。如果盒子侧面、顶部和底部的厚度暂时忽略不计，有一个更为简单的方法，也就是利用尺子直接测量就可以量出来。

请问，你可以找到这个办法吗？

### 【妙趣解析】

把盒子的一边沿着桌边放置，并在桌子上留出和盒子一样宽的长度，也就是说，让 A 的长度和 B 的长度相等。现在，将尺子拿起来，放在桌子角的末端，接着，将桌角与盒子后面左侧顶角的长度测量出来，而这个长度恰好与盒子主对角线的长度是一样的。

## 漂亮的小盒子

加里有一个妹妹叫罗卡，有一次，加里给罗卡买了一个漂亮的小盒子。罗卡虽没到上学的年龄，然而她已经可以从 1 数到 10 了。对于这个盒子，罗卡非常喜欢，主要原因在于在盒子的每条边上，都可以数出 10 枚贝壳。

有一天,妈妈正在擦拭盒子,一不小心居然将4枚贝壳打碎了。加里将剩余的32枚贝壳的摆放位置重新摆列了一下,接着将贝壳粘好,这样盒子的每条边上依旧有10枚贝壳。几天之后,盒子掉到了地板上,又摔碎了6枚贝壳。加里又对剩余贝壳的摆放位置进行了一番重新排列,从而让罗卡数贝壳的时候依旧在每条边上都可以数到10。

请问,加里两次是如何排列贝壳的?

**【妙趣解析】**

第一次排列,4个角各2个,四边各6个;第二次排列,一对角各4个,另一对角各3个,四边各3个。

# 大雪过后

"快起床!"李芳冲进妹妹李恬的房间,"我们要迟到了!"

李恬嘟哝着爬起来,把羽绒服穿上,戴上厚厚的手套,与李芳一起出了门。她们和附近的几个女孩约好了,一起去铲雪。近几天来,大雪狂飞,把电线杆都压断了,地上积了厚厚的一层雪。几分钟前,输电线路才刚刚修好。

两姐妹还没到约好的地方,她们就看到王丽在向她们招手,在王丽的旁边,还有好几个女孩子,他们正在叽叽喳喳地说着话。

"张霞在哪里?"李芳问,"她说好要来的。"

"我不知道。"王丽回答道,"在一个小时之前,我们已经给她打了电话,但是没有人接。"

"算了,不等她了,我们开始干吧。"

她们干了三四个小时,然后便到李芳家的客厅里休息、聊天。这个时候,张霞走了进来。

"你到哪里去了?"李芳问。

"我一直待在家里,你们为什么不给我打电话,通知我一声呢?"张霞反问道。

"我们打了,可是你没有接!"王丽说。

"哦,那一定是我在用吹风机吹头发,所以没有听到电话铃响。"张霞解释说。

"得了吧！不想来就直说呗！为什么要撒谎呢？"王丽说。

王丽为什么认定张霞在撒谎呢？

## 【妙趣解析】

张霞不可能用吹风机吹头发，因为那个时候正在停电。只要想到输电线路是什么时候修好的，便可断定张霞是在撒谎。

## 说谎的妇女

一个妇女正在大街上大吵大闹，刚好一位警察经过这里。警察看到那个妇女在不停地吵闹，便问道："发生什么事了？"

妇女哭哭啼啼地对警察说："我的钱包刚才被人抢走了。我当时正在路上走着，突然，一个男的从我的身后跑过来，把我撞了一下，然后就走了。没过多久，我就意识到自己的钱包不见了。"

"那个男子的长相和穿戴，你还记得吗？"

"我当时没看到他的长相，只看到了他的背影。应该是一个年轻人，在他的颈上，似乎戴着一条黑色的领结。"

警察思索一番之后，便严厉地说道："你说的全是假话！"

请问，警察是如何判断妇女说的是假话？

## 【妙趣解析】

既然妇女只看到男子的背影，又怎么可能看到他前身颈上的领结呢？

## 纸条上的名字

在一张纸条上，老师写下了一个人的名字，这个人在甲乙丙丁四人之中。接着，他把纸条握在手中，让这四个人猜一猜纸条上到底写的是谁的名字。甲说："是丙的名字。"乙说："不是我的名字。"丙说："不是我的名字。"丁说："是甲的名字。"老师听完后说："四个人中间，只有一个人说对了，其他人都说错了。请再猜一遍。"这次四个人很快同时猜出了这张纸条上写的是谁的名字。

请问，这张纸条上到底写的是谁的名字？

## 【妙趣解析】

把第一次猜的结果做一个比较,就会发现甲的判断与丙的判断是矛盾的,则其中必然有一个是对的,有一个是错的。倘若甲的判断是对的,那么乙的判断也是对的,如此便和老师说的"只有一个人说对了"相矛盾了。因此甲的判断一定是错的。这样一来,便可以断定丙的判断是对的。于是,其余三个人的判断就都是错的了。这样,乙的判断就和事实相反,因此纸条上就一定写着的是乙的名字。

## 扑克牌中的秘密

数学家张教授趁着学校放假期间,到一座海滨城市旅游。一天深夜,服务员发现他昏迷在房间里,随身携带的钱财物品都不见了。小偷在现场没有留下任何痕迹,但是教授的手里拿着一张老 K 扑克牌。查案的探长看着扑克牌有些不理解,心想:酒店房间号码都是三位数,如果说 K 表示门牌号的话,应是"031",但是酒店没有这个房间号。突然,探长眼睛一亮想到了什么,他依据自己的判断很快抓到了罪犯。你能猜到,扑克牌 K 究竟代表了什么意思吗?

## 【妙趣解析】

牌和"π"是谐音,如果把"K"旋转一下的话,形状也很像"π"。而 π 代表的圆周率为 3.1415926……通常情况都取 3.14 来进行计算。数学家张教授用 π 这一数值进行提醒,罪犯是住在这家酒店 314 房间里的人。

## 两尊小雕像

20 年前,加尔文·克莱尔特开了一间古董店,他总是很骄傲地在橱窗的前面摆上两尊小雕像。就在上个星期,这两尊小雕像仍然放在那儿。可是在两天之前,加尔文将第一个雕像以 198 元卖掉了,赚了 10%,接着又以 198 元卖掉了第二个雕像,这次却赔了 10%。

请问,在这两个雕像交易中,加尔文是赚了还是赔了?

## 【妙趣解析】

加尔文赔了 4 元钱。在第一个雕像交易中,加尔文赚了 18 元(198 元除以 11 就是 10% 的利润)。但是,在第二个雕像交易中,加尔文却赔了 22 元(198 元除以 9 就是 10% 的损失)。如此,用赔的 22 元减去赚的 18 元,就可以得出损失的钱。

## 保险箱的密码

在 20 世纪初,有一个放在大厅内的保险箱,里面存有很多非常贵重的物品,因此主人采取了十分严密的保护措施。泰门尼·奥谢是这个保险箱的主人,虽然他非常富有,但是记性却不怎么样,对于自己保险箱的密码总是记不住。保险箱的密码是由 3 个数字组成的,泰门尼·奥谢一般都是利用贴在保险箱上的线索提醒自己:

第一个数字和 3 相乘所得结果中的数字都是 1;第二个数字和 6 相乘所得结果中的数字都是 2;第三个数字和 9 相乘所得结果中的数字都是 3。

倘若窃贼读过书的话,那么他很有可能会把这些线索变为现金。

请问,你可以把这几个数字依次呈现吗?

## 【妙趣解析】

37-37-37。这几个数字计算如下:37×3=111;37×6=222;37×9=333。

## 商业调查

西尔威斯特调查公司的调查结果真是越来越叫人担心了。关于芥末账目的出入且不说,单是火山芥末公司委托他们调查的喜欢辛辣芥末和喜欢清淡芥末的人数,就有问题。下面是他们呈交的报告:

接受调查的人数:300 人

喜欢辛辣芥末的人数:234 人

喜欢清淡芥末的人数:213 人

既喜欢辛辣芥末又喜欢清淡芥末的人数:144 人

从来不使用芥末的人数:0 人

对于这份报告,火山芥末公司进行了认真的研究,结果令火山芥末公司非常生气,并马上解除了和西尔威斯特调查公司的合作关系。

请问,你可以将报告中的错误找出来吗?

### 【妙趣解析】

先对调查结果进行分析:

在喜欢辛辣芥末的 234 人之中,只喜欢辛辣芥末的有 90 个人(234-144=90)。在喜欢清淡芥末的 213 个人之中,只喜欢清淡芥末的有 69 个人(234-144=69)。

这就说明有 3 类人群:只喜欢辛辣芥末的有 90 人;只喜欢清淡芥末的有 69 人;既喜欢辛辣芥末又喜欢清淡芥末的有 144 人,一共有 303 人。但是,在报告上显示接受调查的却只有 300 人。

## 姐妹如何分辨

一家有姐妹两人,一个胖,一个瘦,姐姐上午说真话,下午说假话;而妹妹则刚好相反,上午说假话,到了下午说真话。一天,一个人看到姐妹俩,于是问道:"请问,你们哪一位是姐姐?"身材胖胖的那个说:"我是。"而身材瘦小的那个说:"我才是呢。"这个人又问:"那请问现在几点了。"胖小姐说:"快到中午了。"瘦小姐反驳道:"才不是呢,中午已经过了。"那么请问,当时是中午还是下午,哪一个才是姐姐,哪一个才是妹妹?

### 【妙趣解析】

我们可以先进行假设,假设当天是下午,那么下午就是姐姐在说谎,姐姐就应该说:"我不是姐姐。"但没有得到这个回答,所以,由此可知时间是上午。只要时间确定下来,那么到底谁说的是真话就能确定,同理也能确定哪一个是姐姐,由此可知,胖小姐就是姐姐。

## 伪造的金币

著名的世界思维游戏俱乐部的淘汰赛曾经选用过如下题目。

在桌子上放 10 顶帽子,帽子上分别标有 1~10 这几个数字,每顶帽子内都藏有 10 枚金币,但在这 10 顶帽子中有一个帽子里的金币却是伪造的。真正的金币,每个重量为 10 克;伪造的金币,每个重量为 9 克。为了方便比赛者,组委会特意给他们提供了以克为单位的秤,但每个参赛者只可以使用 1 次,不过他们可以通过这次机会把他们所希望秤的金币的数量放在秤上。

根据上述情况,你可不可以猜出是哪个帽子内装了伪造的金币?

**【妙趣解析】**

参加比赛的人可以先从 1 号帽子取 1 枚金币,从 2 号帽子取 2 枚金币,从 3 号帽子取 3 枚金币,依此类推。之后,将这 55 枚金币放在秤上称。倘若这 50 枚硬币都是真的话,它们的总重量会是 550 克;但是,由于其中 1 枚或多枚金币是伪造的,因此总重量必然会小于 550 克。把这个重量从 550 克中减去之后的差,就是装有伪造金币的帽子的号码了。比如,倘若伪造的金币装在 6 号帽子里,那么所称的金币堆里有 6 枚伪造的金币,所以秤上显示的总重量为 544 克。550 减去 544 之后的差为 6,这便是装有伪造金币的帽子的号码。

# 渡河

有三个喜欢吃醋的丈夫,某日他们结伴带自己的妻子旅游,途中发现渡河的船只能容纳两个人。由于每个丈夫都极力反对自己的妻子与其他两个男性成员中的任何一个人乘船渡河,除非自己也在场。同时,他们也不同意自己的妻子单独与别的男人站在河对岸。

那么,应该怎样安排呢?需要注意的是,虽然船只可以搭乘两个人,可是其中的一个人必须把船划回来供其他人使用。

**【妙趣解析】**

三个丈夫分别用 A、B、C 来表示,他们的妻子则分别用 a、b、c 表示。他们可以根据下面的方法进行渡河:

1.a 和 b 先渡河,接着 b 把船划回来。

2.b 和 c 渡河,接着 c 把船划过来。

3.c 下船,与她的丈夫留在出发点,接着 A 和 B 渡河;A 下船,B 与 b 一起把船划回来。

4.B 和 C 渡河,将 b 和 c 留在出发点。

5.a 把船划回来,接着让 b 与她一起渡河。

6.a 下船,接着 b 将船划回来。

7.然后,b 与 c 渡河。

这样,所有的人都可以成功抵达对岸了!

# 第四章

## 分析逻辑思维游戏

　　分析能力是对事物进行剖析、分辨、观察和研究的能力。分析能力的高低是一个人智力水平的体现。分析能力较强的人,往往学有专攻、技有专长,在自己擅长的领域内有着不俗的成就。分析逻辑思维游戏是提高分析力的有效途径,可以在寓教于乐的过程中帮助游戏者掌握各种分析方法。

# 生日礼物

几个男人分别为他们的老婆买了生日礼物。从下面的信息中,请你说出这几个男人及他们老婆的名字,他们结婚多长时间了,送的礼物是什么。

1. 和买项链的那个男人相比,蒂瑞斯与贝格特结婚要早一些。

2. 恩格瑞将会收到一枚戒指。

3. 买耳环的男人已经结婚 16 年了,这个人并非沃尔克。

4. 米切尔买的是摄像机。

5. 罗兰德已经结婚 14 年了,然而他的妻子不是安妮特。

6. 卡罗蒂已经结婚 5 年了,她比安妮特结婚早。

7. 贝特不会收到项链,也不会收到内衣,她的丈夫不是米切尔。

8. 其中有一对已经结婚 7 年了,有一对已经结婚 3 年了。

9. 有一个男人的名字叫库特。

## 【妙趣解析】

根据线索 8、线索 4 和线索 2,可以推断出贝特收到的礼物只能是耳环。根据线索 3,可知贝特已经结婚 16 年了,且她的丈夫要么是罗兰德,要么是库特。再由线索 5 排除罗兰德,可以断定贝特的丈夫只能是库特。根据线索 1 和线索 8,结合排除法,可知蒂瑞斯与贝格特结婚 7 年了,贝格特收到的礼物只能是内衣。根据线索 5,结合排除法可以推断出罗兰德的妻子只能是恩格瑞,再由线索 2 可知恩格瑞收到的礼物是戒指。根据排除法,结合线索 1,可以推定买项链的男人只能是沃尔克,沃尔克要么已经结婚 5 年,要么 3 年。再根据线索 6,可知卡罗蒂的丈夫是沃尔克。那么,剩下的一对夫妻就是米切尔和安妮特了。

由此得出结论:

库特与贝特已经结婚 16 年了,库特送的礼物是耳环。

罗兰德与恩格瑞已经结婚 14 年了,罗兰德送的礼物是戒指。

蒂瑞斯与贝格特已经结婚 7 年了,蒂瑞斯送的礼物是内衣。

沃尔克与卡罗蒂结婚 5 年了,沃尔克送的礼物是项链。

米切尔与安妮特结婚 3 年了,米切尔送的礼物是摄像机。

# 糖果店

因为下雨,5 位女孩躲进了糖果店。从以下所给的信息中,请列出她们的名字,并说出她们分别买了什么糖,多少颗,以及她们穿的是什么颜色的雨衣。

1. 沃里穿着一件黑色的雨衣。
2. 穿蓝色雨衣的女孩不是古恩娜,她买了 12 颗糖。
3. 和穿黄色雨衣的女孩相比,何瑞莎多买了两颗糖。
4. 有一个女孩买了 6 颗棒棒糖。
5. 买甘草糖的不是穿黄色或者白色雨衣的女孩,也不是沃里。
6. 买巧克力糖的是穿紫色雨衣的女孩,比穿白色雨衣的女孩多了两颗。
7. 比亚妮买了 10 颗糖,但并非太妃糖。
8. 有一个女孩买了 4 颗糖,另一个女孩买了 8 颗奶糖。
9. 有一个女孩叫若哥娜。

## 【妙趣解析】

根据线索 5 和线索 6,可知买甘草糖的女孩穿蓝色雨衣,她买了 12 颗糖,再结合线索 1 和线索 7,这个女孩要么是何瑞莎,要么是若哥娜。根据线索 7,比亚妮买了 10 颗糖,结合其他线索排除可知,这 10 颗糖只能是巧克力糖,再由线索 6 可知,比亚妮穿的是紫色雨衣。从以上信息,结合线索 3,可知上述买 12 颗糖的女孩只能是若哥娜,且可以推出何瑞莎穿的是白色雨衣,那么穿黄色雨衣的女孩就只有古恩娜了。结合根据线索 6,可知穿白色雨衣的何瑞莎买的是 8 颗糖,再由线索 8,可知这 8 颗糖是奶糖,由此得出太妃糖是 4 颗,是穿黑色雨衣的沃里买的。

那么,得出的结论就是:
若哥娜买了 12 颗甘草糖,她穿的是蓝色雨衣。
比亚妮买了 10 颗巧克力糖,她穿的是紫色雨衣。
何瑞莎买了 8 颗奶糖,她穿的是白色雨衣。
古恩娜买了 6 颗棒棒糖,她穿的是黄色雨衣。
沃里买了 4 颗太妃糖,她穿的是黑色雨衣。

## 女孩的名字

一天,艾尔先生在路上散步,有人在身后拍了一下他的肩膀,艾尔回头一看,非常惊讶,原来是自己多年不见的好友,而且手里还牵着一个漂亮、可爱的小姑娘。艾尔先生非常高兴,看着朋友说:"我们有好几年没见了吧,你最近还好吗?""是啊,我们上次见面,是在韩国,自从那次之后,就再也没有见过。不过,我结婚了,我和我的爱人一直都在韩国首尔工作,直到最近才有时间回来,哦,对了,这个是我的女儿,今年 3 岁。"艾尔先生看着如同洋娃娃般的小女孩,笑着说:"真是个漂亮的孩子,你叫什么名字呀?"小女孩看着艾尔先生,回答道:"我和我的妈妈同名。""哦,是吗,那你就叫朱莉了,嗯,你看起来和朱莉长得很像啊,这也是我非常喜欢的一个名字。"艾尔答道。

请问,艾尔先生是如何知道这个小女孩的名字叫朱莉的呢?

### 【妙趣解析】

其实,答案很简单,艾尔先生所遇到的这个朋友其实是女性,而不是男性,也就是朱莉本人,所以当然就能知道她女儿的名字是朱莉了。

## 减肥计划

由于不同的原因,5 个人开始减肥。根据下面的信息,请你分别说出这 5 个人的名字,以及减肥的原因、减肥所选择的运动和食疗方案。

1. 斯坦尼斯没有选择游泳。

2. 路德米拉选择了网球,然而并非为了做报告,为了做报告减肥的那个选择了低卡里路疗法。

3. 波瑞斯不久就要结婚了。

4. 选择了跑步的人同时也选择了低碳疗法,然而她并非为了度假或者参加同学聚会。

5. 有一个人听从了医生的建议才减肥的,她没有选择低脂肪疗法,而是选择了骑自行车。

6. 若斯蒂米尔选择了减食疗法,然而她并非为了度假。

7. 乐达卡不是为了做报告而减肥,她也没选择游泳。

8.有人选择了低 GI 值疗法。

9.有人选择了壁球。

## 【妙趣解析】

根据线索 2、线索 4 和线索 5,选择跑步和低碳疗法的那个人,其减肥目的排除度假、同学聚会、医生建议和做报告,剩下的就是为了结婚了。结合线索 3,可知为了结婚而减肥的人是波瑞斯。根据线索 5,听从医生建议而减肥的人,没有选择低脂肪疗法,结合线索 2 和线索 4,这个人要么选择的是减食疗法,要么是低 GI 值疗法;再结合线索 6,若斯蒂米尔选择的是减食疗法,那么听从医生建议而减肥的人,选择的只能是低 GI 值疗法。

根据线索 2,结合排除法,可知路德米拉选择的疗法是低脂肪疗法,她减肥要么是为了度假,要么是为了同学聚会。而根据线索 6,可知选择减食疗法的若斯蒂米尔,只能是为了同学聚会而减肥的,她选择的运动只能是游泳,那么路德米拉就是为了度假而减肥的。

根据线索 7,结合以上信息,乐达卡减肥不是为了做报告,再排除结婚、度假和同学聚会的理由,那么乐达卡就是那个听从医生建议而减肥的人。

由此得出结论:

波瑞斯为了结婚而减肥,她选择了跑步和低碳疗法。

乐达卡听从医生的建议而减肥,她选择了骑自行车和低 GI 值疗法。

路德米拉为了度假而减肥,她选择了找网球和低脂肪疗法。

若斯蒂米尔为了同学聚会而减肥,她选择了游泳和减食疗法。

斯坦尼斯是为了做报告而减肥,她选择的是壁球和低卡路里疗法。

# 兄弟俩的纠纷

一位老人在临终前留下遗嘱,在他死后他的两个儿子可以平分家产,这份遗嘱放在了兄弟俩的舅舅那里。老人逝去后,舅舅就按照老人临终前的遗嘱给兄弟俩平分家产。兄弟俩都觉得舅舅偏向对方,都觉得对方的家产要比自己的多,所以两人一直吵到了官府。县官听了两人的申诉后,沉思了一会儿,最后说出了一个方法,圆满地解决了这一问题。请问,究竟是什么方法呢?

**【妙趣解析】**

兄弟俩都觉得对方所得的财产要好于自己所获得的财产,那么两个人可以互换财产,这样兄弟俩都会满意。

## 汽车的耗油量

有一个人很喜欢收集汽车,一天,某地方举办车展,他也是被邀请人之一,他把他最喜欢的一辆车摆在参展台上。期间,他发现了一个有趣的问题,在美国每加仑汽油所跑的英里数都要比英国少。也许有人会说,这和汽油、长短途、路途是否平坦、空气湿度等因素有关,不过,已经注明,汽油都是同一家公司的,这一问题和长短途、路途是否平坦以及空气湿度等都没有关系。那么,你知道这究竟是什么原因吗?

**【妙趣解析】**

查询一下就知道,美国的 1 加仑汽油约等于英国的 0.833 加仑。所以,美国每加仑汽油所跑的路程要比英国少。

## 皮划艇比赛

在青岛举行的"单人皮划艇环游海岛比赛",最后泰山队获胜。由于这项比赛为接力赛,也就是说在比赛的各个路段是由不同的选手领航的。根据下面所给的线索,你能指出各个站点的名称(1~6 号是按照皮划艇经过的时间顺序标出的,即比赛是沿着顺时针方向进行的)、各划艇选手的名字,以及比赛中第一个经过此处的皮划艇名称吗?

已知线索为:

1.6 号站点名叫青鱼站点,海猪号皮划艇并没有在这里领航;张扬率先经过的站点离此处相差的不是 2 个站点。

2.管虎的皮划艇在绿山站点上处于领航的位置上,它刚好是城堡站点的前一个站点。

3.在 2 号站处领航的皮划艇是改革者号。

4.由王超驾驶的刺猬号皮划艇率先经过的站点离孔丘站点还有 3 个站

点的距离。

5.利通号率先经过的那个站点,沿着顺时针方向往下的一站是张元率先经过的那个站点。

6.李杨驾驶的皮划艇在 5 号站点处于领航位置。

7.五月天号皮划艇在首领站点领航。

8.强力号率先经过的站点的编号是路长率先经过的站点的编号的一半,而且它不是扶桑站点。

【妙趣解析】

根据线索 3,可知改革者号在 2 号站点领航。根据线索 5,可知张元不在 3 号站点处领航。而且,根据线索 1,可以推知张杨和路长都不在 3 号站点领航。根据线索 4,可以排除刺猬号的王超在 3 号站点处领航,而李杨在 5 号站点处领航(线索 6),因此 3 号站点的领航者必定是管虎。根据线索 2,可知 3 号站点是绿山站点。我们知道 2 号站点是由改革者号领航的,根据线索 2 和线索 1,可知 2 号不是绿山站点,也不是城堡站点或者青鱼站点,也不可能是首领站点。根据线索 7,可知在首领站点领航的是五月天号。我们知道李杨的皮划艇在 5 号站点处领航,因此孔丘站点不可能是 2 号站点(线索 4)。用排除法可以知道,2 号是首领站点,所以孔丘站点也不可能是 5 名站点(线索 4)。用排除法可知孔丘站点只可能是 1 号站点,剩下 5 号站点是首领站点,此处由五月天号领航。因此,王超的刺猬号必然在 4 号站点处领航,即城堡站点。我们知道路长不在 4 号站点处领航,他也不在扶桑站点领航(线索 8),因此,他必然在青鱼站点处领航,即 6 号站点(线索 8),因此强力号是从 3 号站点处领航的,即绿山站点。海猪号皮划艇不在青鱼站点处领航(线索 1),用排除法可知青鱼站点领航的必然是利通号。剩下海猪号在孔丘站点领航,它由张元驾驶(线索 5),张杨驾驶着改革者号在 2 号扶桑站点处领航。

因此得出答案:

1 号,孔丘站点,张元,海猪号。

2 号,扶桑站点,张杨,改革者号。

3 号,绿山站点,管虎,强力号。

4 号,城堡站点,王超,刺猬号。

5 号,首领站点,李杨,五月天号。

6号,青鱼站点,路长,利通号。

# 业余赛马骑师

四位业余赛马骑师正在进行一场点对点的比赛。从以下所给出的线索中,你可以将每匹马的名字以及各骑师的姓名说出来吗?

已知线索是:

1. 第二名的马叫艾塞克斯女孩。

2. 第四名的马不是海员赛姆,海员赛姆的骑师不叫约翰,但姓克里福特。

3. 蓝色白兰地的骑师,相比萨利的姓,他的姓要少一个字母。

4. 在西帕龙的后面,紧跟着麦克·阿彻骑的马,西帕龙并非理查德的马。

5. 四位骑师的名字分别为:埃玛、约翰、麦克、萨利。

6. 四位骑师的姓分别为:阿彻、克里福特、匹高特、理查德。

## 【妙趣解析】

根据线索4,可知麦克的姓是阿彻。根据线索2,可知海员赛姆是克里福特的马。根据线索3,可知他不会是萨利,如此可推断他是埃玛。艾塞克斯女孩是第二名(线索2),第四名的马不是海员赛姆(线索2),不是西帕龙(线索4),那么一定是蓝色白兰地。它的骑师不是理查备,理查德骑的也不是西帕龙(线索3),海员赛姆的骑师我们已经知道了,那么艾塞克斯女孩一定是理查德的马。根据线索4,麦克·阿彻不可能是第一名的马的骑师,而西帕龙也不是第二名,他也不是第三名的马,因此我们可以推断他是第四名马的骑师,蓝色白兰地就是他的马。所以,根据线索4,我们可以知道,第三名的马是西帕龙,使用排除法,可知第一名是海员赛姆。根据线索3,可以得知萨利姓匹高特,而她的马必定是第三名的西帕龙。最后,剩下第二名的马就是艾塞克斯女孩,骑师是约翰·理查德。

因此得出答案:

第一名,海员赛姆,埃玛·克里福特。

第二名,艾塞克斯女孩,约翰·理查德。

第三名,西帕龙,萨利·匹高特。

第四名,蓝色白兰地,麦克·阿彻。

# 板球比赛

乡村板球队正在举行一场比赛,在替补席上,有四位选手正坐在那里整装待发(座位分别以 A、B、C、D 表示)。根据下面给出的线索,你可以将这四位选手的名字、赛号以及每个人在球队中的位置说出来吗? 需要注意的是,选手是按照 6→7→8→9 的顺序出场的。

1. 6 号选手是一个万能选手,他坐在帕迪的右边,下一个就是他出场。

2. 尼克是一个守门员,属于乡村队。

3. 7 号不是旋转投手的位置。

4. 座位 C 那儿坐着乔希。

5. 在艾伦之后,座位 A 上的选手也要出场了。

6. 9 号选手坐在座位 B 的位置。

7. 有一个是快投选手。

## 【妙趣解析】

根据线索6,可以断定 B 座位上的是9号选手。根据线索1,万能选手不可能在 A 位置上。根据线索4,可知 C 座位上的选手是乔希。线索1提示座位 D 上的不可能是万能选手,那么万能选手一定是 C 座位上的乔希。现在,根据线索1,我们可以知道,帕迪一定是座位 B 上的 9 号选手。我们现在已经知道 A 不是乔希,也不是帕迪,线索5排除了艾伦,那么他只可能是尼克,根据线索2,可以断定尼克是乡村队的守门员。最后剩下艾伦在 D 座位上。现在,从线索5中知道,艾伦一定是 7 号,尼克则是 8 号。根据线索3,可知艾伦一定不是旋转投手,那么他一定是快投,结果只剩下帕迪,他则为旋转投手。

因此得出答案:

座位 A,尼克,8 号,守门员。

座位 B,帕迪,9 号,旋转投手。

座位 C,乔希,6 号,万能选手。

座位 D,艾伦,7 号,快投选手。

## 车上的游客

暴风骤雨突然而至,有6辆车(以 A、B、C、D、E、F 表示)被堵在路口前大概40分钟了。根据下面所给的线索,你可以将每辆车的司机名字、车的颜色、游客的国籍,以及每辆车所载的游客人数说出来吗?

已知线索:

1. 在载有芬兰游客的车后面,紧跟着阿帕克斯的汽车。相比那辆黄色车,载芬兰游客的车要少载2人。那辆黄色车在阿帕克斯的汽车后面,所载的人数少于52人。

2. 在贝尔的车前面,紧靠着蓝色车辆,它没有载俄罗斯游客。后者比前者要至少多2人。

3. 在载有47名游客的汽车后面,紧跟着一辆红色汽车,在它的后面,紧靠着载有澳大利亚游客的汽车。

4. 在载有日本游客的车后面,相隔1辆车之后,是墨丘利的汽车。载有日本游客的车则在橘黄色车的后面,两者并不相邻。相比那辆载有日本游客的车和橘黄色车,墨丘利的汽车载的游客比这两者要多一些,然而若和美国游客乘坐的那辆车相比,则要少一些。

5. 在 RVT 的汽车后面,紧跟着乳白色汽车。在意大利游客乘坐的汽车后面,则紧跟着 RVT 的汽车。相比于意大利游客乘坐的汽车,乳白色汽车载的游客要多一些,但若和 RVT 的汽车相比,则至少少2人。

6. 在俄罗斯游客乘坐的车前面,紧靠着肖的车,相比前者,后者多载了3个人,但他并非游客人数最多的车。

7. F 车要比 E 车少载3人,比 A 车多载一人,绿色的汽车要比 B 车少不止3人,但比 D 车多不止1人。

8. 游客人数:44、45、46、47、49、52。

### 【妙趣解析】

根据线索7,可知 F 车不可能载有44、45、47、49和52个旅客,那么它肯定载46个人。而根据同一线索,可以推知,A 车载有45个旅客,E 车载有49个旅客。根据线索1,可知 A 车不是阿帕克斯开的车,也不是贝尔(线索2)、墨丘利(线索3)和 RVT(线索5)开的车,由于没有载42个人的车,所以也不可能是肖开的车(线索6),那么只能是克鲁斯开的车了。根据因一线索,可知 A 车不是黄色的,因为没有载 43 人的车(线索2和线索7),所以也不是绿色、红色或乳白色的(线索3和线索5),那么 A 车一定是橘黄色的。根据线索7,可知 B 车载有 52 个旅客,它不是绿色的,而 D 车不是载有 47 人,那么肯定是 44 人。剩下 C 车载有 47 人,所以 D 车是红色的,而澳大利亚游客在 E 车中(线索3)。我们知道 B 车不是绿色的,也不是黄色的(线索1)或者乳白色的(线索5),那么一定是蓝色的,而 C 车是属于贝尔的(线索2)。F 车载有 46 个旅客,不是肖的(线索2),也不是 RVT(线索5)和阿帕克斯(线索1),那么一定是墨丘利的。根据线索4,可知红色车内的游客来自日本,现在根据线索5,我们知道乳白色的车不是 E 和 F,那么一定是 C,蓝色的车是属于 RVT 的。橘黄色的车载的是意大利的游客,那么阿帕克斯的 C 车载的游客一定是芬兰的,而黄色那辆就是 E 车。使用排除法,可知绿色那辆就是 F。RVT 的蓝色 B 车载的游客不是俄罗斯的,那么一定是美国游客,而俄罗斯的游客则在墨丘利的 F 车中。另外,黄色的 E 车则是肖开的。

因此得出答案:

A 车,克鲁斯,橘黄色,意大利,45 人。

B 车,RVT,蓝色,美国,52 人。

C 车,贝尔,乳白色,芬兰,47 人。

D 车,阿帕克斯,红色,日本,44 人。

E 车,肖,黄色,澳大利亚,49 人。

F 车,墨丘利,绿色,俄罗斯,46 人。

# 古罗马遗迹

某博物馆的展品中有 4 个 20 世纪 60 年代发现的古罗马墓碑。根据下面的线索,你能找出 A、B、C、D 四块墓碑主人的名字、职业以及去世的时间吗?

已知线索为:

1. 墓碑 C 的主人是一位物理学家,卢修斯·厄巴纳斯在他去世之后的 12 年也去世了。

2. 墓碑 A 的墓主人不是酒商泰特斯·乔缪尔斯。

3. D 是朱尼厄斯·瓦瑞斯的墓碑。

4. 马库斯·费迪尔斯在公元 84 年去世。

5. 那名职业拳击手在他的最后一场拳击赛中被杀,当时是公元 96 年。

6. 在公元 60 年去世的不是古罗马 13 军团的百夫长。

## 【妙趣解析】

根据线索 1 和线索 3,可知刻在墓碑 C 上的物理学家既不是卢修斯·厄巴纳斯,也不是泰特斯·乔缪尔斯。泰特斯·乔缪尔斯是一个酒商(线索2),所以物理学家一定是在公元 84 年去世的马库斯·费迪尔斯(线索4)。从线索 1 中,我们可以推知卢修斯·厄巴纳斯是在公元 96 年去世的,根据线索 5,我们可以断定他是一个职业拳击手。通过排除法,可知朱尼厄斯·瓦瑞斯是百夫长,他不是公元 60 年去世的(线索6),而是公元 72 年去世的。使用排除法,可知泰特斯·乔缪尔斯是在公元 60 年去世的,然而他的名字没有刻在 A 上(线索2),而是刻在 B 上。那么,A 是职业拳击手卢修斯·厄巴纳斯的墓碑。

因此得出答案:

墓碑 A,卢修斯·厄巴纳斯,职业拳击手,于公元 96 年去世。

墓碑 B,泰特斯·乔缪尔斯,酒商,于公元 60 年去世。

墓碑 C,马库斯·费迪尔斯,物理学家,于公元 84 年去世。

墓碑 D,朱尼厄斯·瓦瑞斯,百夫长,于公元 72 年去世。

# 豪华轿车

果酱大亨威尔弗雷德·约翰有 5 个儿子,他们都有一辆新款的豪华轿车,然而他们的车牌却都是老式的。原来在他们的车牌上,都印着家族之姓,比如说威尔弗雷德的劳斯莱斯车牌为 A1JAR。根据下面所给的线索,你可以推断出他们各自的车牌号、制造商和车的颜色吗?

已知线索为:

1. 埃弗拉德·约翰的车牌与那辆江格车的车牌,其首字母是一样的,两辆车的车牌号为 T453JAR,T564JAR。

2. 安东尼·约翰开的是一辆兰吉·罗拉。

3. 默西迪丝不是蓝色的,它的车牌号也不是 W786JAR。

4. 那辆黑色车的车牌号为 R342JAR。

5.相比于那辆红色的法拉利车牌号,伯纳黛特·约翰的车牌号的每个数字都要大1。法拉利的主人的名字要比他最小的兄弟的名字长。

6.克利福德·约翰的车是白色的,但并非那辆车牌号为 W675JAR 的卡迪拉克。

7.最小的儿子是迪尼斯·约翰。

**【妙趣解析】**

根据线索5 可知,那辆红色的法拉利车不是伯纳黛特的,也不是迪尼斯的。安东尼开的是一辆兰吉·罗拉(线索2),而克利福德开的车是白色的(线索6),所以红色的法拉利一定是埃弗拉德的。根据线索6,可知卡迪拉克的车牌号为 W675JAR,根据线索1,可知埃弗拉德的法拉利和那辆江格的车牌为 T453JAR 或者 T564JAR。所以,W786JAR 不是法拉利、江格和卡迪拉克的车牌号,也不是默西迪丝的车牌号,只能是兰吉·罗拉的车牌号,其主人为安东尼。那辆黑色车的车牌为 R342JAR(线索4),而克利福德的白色汽车不是车牌为 W675JAR 的卡迪拉克(线索6),那么它的车牌号一定是以 T 开头的,肯定就是那辆江格车(线索1)。使用排除法,我们可以知道,那么黑色车牌为 R342JAR 的车一定是默西迪丝。安东尼的兰吉·罗拉并非蓝色的(线索3),那么就一定是绿色的,而卡迪拉克一定是蓝色的。伯纳黛特的汽车车牌号上的每个数字都要比埃弗拉德的法拉利车牌大1(线索5),法拉利的车牌号并非 T453JAR,因为倘若它是 T453JAR 的话,那么 T564JAR 就是江格的车牌号了(线索1),那么伯纳黛特的车牌号就不可能有了,因此埃弗拉德的法拉利车牌号一定是 T564JAR。而根据线索5,我们可以推知伯纳黛特的汽车是那辆车牌号为 W675JAR 的蓝色卡迪拉克。剩下迪尼斯的汽车是车牌为 R342JAR 的黑色默西迪丝。最后,可推知克利福德的江格车号为 T453JAR。

因此得出答案:

安东尼,W786JAR,兰吉·罗拉,绿色。

伯纳黛特,W675JAR,卡迪拉克,蓝色。

克利福德,T453JAR,江格,白色。

迪尼斯,R342JAR,默西迪丝,黑色。

埃弗拉德,T564JAR,法拉利,红色。

# 护国军成员

1644 年,克伦威尔组建了一支"护国军"。从以下的线索中,你能推断出每名成员的姓名、兵种以及各自所穿制服的颜色吗?

已知线索为:

1.伊齐基尔穿的是灰色制服,但是上面布满了灰尘与泥浆,他紧挨鼓手的右边。

2.有一名配枪士兵,身上穿着又破又脏的棕色制服,他与默迪凯之间隔着一个士兵。

3.1 号士兵是一个步兵,他并非一个法国人,而是一个英国人。

4.4 号士兵名叫所罗门。

5.吉迪安所穿的制服并非蓝色的。

6.成员的兵种:鼓手、配枪士兵、步兵、炮手。

7.成员所穿的制服颜色:蓝色、棕色、灰色、红色。

## 【妙趣解析】

已知 4 号士兵名叫所罗门(线索 4),从线索 1 中,我们可以推知穿着灰色制服的伊齐基尔不是 2 号士兵就是 3 号士兵,鼓手不是 1 号士兵就是 2 号士兵。根据线索 3,1 号士兵是一个步兵,所以鼓手一定是 2 号士兵,那么伊齐基尔是 3 号士兵。根据线索 1 已知伊齐基尔的制服是灰色的,可以推断出穿棕色上衣的配枪士兵是 4 号士兵(线索 4)。结合线索 3,使用排除法,穿灰色制服的伊齐基尔一定是一个炮手。从线索 2 中,可知 2 号鼓手一定是默迪凯,剩下的 1 号步兵自然就是吉迪安。根据线索 5,吉迪安的制服并非蓝色的,使用排除法,那么就一定是红色的,自然,2 号鼓手的制服就是蓝色的。

因此得出答案:

1 号,吉迪安·海力克,步兵,红色。

2 号,末底改·诺森,鼓手,蓝色。

3 号,伊齐基尔·费希尔,炮手,灰色。

4 号,所罗门·特普林,配枪士兵,棕色。

# 古卷轴

在最近的展览中,伦敦大都会博物馆新展出了4个古卷轴,分别以A、B、C、D表示。根据以下线索,你能将这4个卷轴中的语言类别、分别属于哪种形式,以及发现它们的考古学家的名字写出来吗?

已知线索:

1.雀瓦教授发现的卷轴是用古巴比伦文撰写的。

2.卷轴D是用最早的拉丁文字撰写的。

3.卷轴A是一衣物清单,它不是被布卢斯教授发现的。

4.迪格博士发现的卷轴B,不是起源于亚述。

5.古埃及卷轴是用象形文字撰写的,不是那部带有色情色彩的情书。

6.夏瓦博士发现的那本小寺庙官居员的日记被展出在一个类似于商人包身工的卷轴旁。

7.古卷轴的语言:亚述语、古巴比伦文、拉丁文、古埃及文。

8.古卷轴的归属形式:账本、日记、衣物清单、情书。

## 【妙趣解析】

根据线索3,卷轴A是衣物清单,不是被布卢斯教授发现的,联系线索4和线索6,夏瓦博士找到日记,可知卷轴A一定是雀瓦教授发现的。结合线索1中可知,卷轴A是雀瓦教授发现的用古巴比伦文撰写的衣物清单。根据线索4,迪格博士发现的卷轴B不是用亚述语写的,也不是古巴比伦文和拉丁文写的(线索1和线索2),那么卷轴B的文字一定是古埃及文。根据线索5可知,卷轴B不可能是情书,所以,通过排除法,可知卷轴B只能是账本,而情书只能是布卢斯教授发现的。现在,根据线索6,可知夏瓦博士发现的是卷轴C,且是用亚述语写的,那么,布卢斯教授发现的卷轴D就是用拉丁文写的情书。

因此得出答案:

卷轴A,古巴比化文,衣物清单,雀瓦教授。

卷轴B,埃及语,账本,迪格博士。

卷轴C,亚述语,日记,夏瓦博士。

卷轴D,拉丁文,情书,布卢斯教授。

## 今天公寓

张先生、李先生和管先生都寄宿在今天公寓。在三个人之中,有一个是面包师,有一个是出租车司机,还有一个是司炉工,根据下面的线索,你能否将他们一一对应?

1.张先生和李先生每天晚上都会下一盘棋。

2.李先生与管先生经常一起去打棒球。

3.出租车司机的爱好是收集硬币,司炉工以前带过兵,而面包师的爱好则是集邮。

4.出租车司机从来就没有看过一场棒球比赛。

5.管先生从来就没有听说过集邮这回事。

**【妙趣解析】**

由于出租车司机从来没有看过棒球比赛,因此他一定是张先生。由于管先生从来没有听说过集邮这回事,因此他一定不是面包师。这样一来,我们把便可以把这三个人的职业轻而易举猜测出来:张先生是出租车司机,李先生是面包师,管先生是司炉工。

## 房子买卖

有一个家庭花了 12 万元买了一套房子,住了两个月之后,由于工作上的原因,他们必须离开这座城市了,于是以 13 万元卖了这套房子。半年过去了,因为工作关系,他们又重新回到了这座城市。他们把以前的房子又买了回来,一共花了 14 万元。没过多久,他们便决定买一套大一点的房子,于是又以 15 万元的价钱把先前那套房子卖了出去。

请问,这个家庭在买卖房子的过程中,究竟是赚了还是赔了,又或是既没有赚也没有赔?倘若是赚了或赔了,那么具体金额又是多少?

**【妙趣解析】**

赚了 2 万。

# 停靠站

1～7 号双层巴士已经把停靠站占满了,其中 1 号靠近入口处。根据以下线索,你能否将每个司机的名字和这些车子的车牌号码说出来呢?

1. 和司机雷开的巴士相比,车牌号为 324 的巴士要远离入口 2 格,并且其车牌号要比雷开的巴士小一些。

2. 2 号与 7 号位置的车牌号,其首尾数字均不一样,但是两个车牌号的末尾都是奇数。

3. 特里所开的巴士,其车牌号为 361。

4. 不是戴夫驾驶的 3 号位置的巴士,与相邻的两辆巴士相比,他的车牌号要大一些。

5. 5 号位置的巴士,其车牌号为 340,6 号巴士的车牌号不是 286。

6. 肯开的巴士刚刚好紧靠在车牌号为 253 的巴士左边。

7. 赖斯把双层巴士停在 4 号位置上。

8. 埃迪把巴士停在罗宾的巴士左边某个位置,但不在它的旁边。

9. 司机:戴夫,埃迪,肯,赖斯,雷,罗宾,特里。

10. 巴士车牌:253,279,286,324,340,361,397。

## 【妙趣解析】

根据线索 1,可知雷开的巴士车牌号要比 324 这个车牌号大。根据线索 2,2 号和 7 号位置停靠的巴士的车牌号都不是 324,雷开的也不是 5 号位置的车牌号为 340 的巴士(线索 5)。已知特里的车号为 361,那么雷的车牌号是 397。根据线索 1,雷的车不在 6 号或 7 号位置。根据线索 7,赖斯把车停靠在 4 号位置,5 号的车牌为 340,结合线索 1,也排除雷的车是 3 号的可能性。根据线索 4,3 号车的车牌号要比邻近的车牌号大,联系线索 1,可推知雷的车也不可能是 2 号,那么雷的车一定是在 1 号位置。根据线索 1,可知车牌号为 324 的巴士一定在 3 号位置。根据线索 5 和线索 2,可以推出车牌号是 286 的巴士一定停靠在 4 号位置,是司机赖斯所开的(线索 7)。根据线索 4,可知 2 号位置的巴士的车牌号一定是以 2 开头的,再结合线索 2,可以推定 7 号位置的巴士车牌号一定 361,由线索 3 可知,这辆巴士是特里开的。我们已经知道,1 号位置是雷开的车牌号为 397 的巴士,结合线索 6,可知车牌号为 253 的巴士一定在 6 号位置,且 5 号位置是肯开的巴士;由这条线索用排除法,可知 2 号位置的巴士车牌号一定 279。根据线索 8,可知罗宾开的巴士一定不在 2 号和 3 号的位置,那么就只能是在 6 号位置,且 2 号位置或 3 号位置的巴士一定有一辆是埃迪开的。结合线索 4,可知戴夫驾驶的不是 3 号位置的巴士,那么就一定是 2 号位置的了。

因此得出答案:

1 号,雷,397。

2 号,戴夫,279。

3 号,埃迪,324。

4 号,赖斯,286。

5 号,肯,340。

6 号,罗宾,253。

7 号,特里,361。

# 在剧院

某剧院在一次演出中,前 3 排(以 A、B、C 表示)中间的 4 个座位(序号以 10、11、12、13 表示)都满了。根据以下的线索,你能把座位和座位上的人对上号吗?

1. 每排 4 个座位都是两男两女。

2. 尼娜在 B 排的 12 号座位上。

3. 在安吉拉的正后面坐着彼特,彼特同时也在亨利的左前方。

4. 玛克辛与罗伯特坐在同一排,然而要比罗伯特靠右边两个位置。

5. 朱蒂坐在查尔斯的后面,朱蒂的丈夫文森特坐在她的隔壁右手边上。

6. 托尼、珍妮特、莉迪亚三个人分别在不同的排坐着,一个男性紧靠在莉迪亚的左边。

7. 姓名:安吉拉(女),查尔斯(男),亨利(男),珍妮特(女),朱蒂(女),莉迪亚(女),玛克辛(女),尼娜(女),彼特(男),罗伯特(男),托尼(男),罗伯特(男),文森特(男)。

【妙趣解析】

根据线索 4 和线索 6,可知坐在 A 排 13 号位置的不可能是彼特和亨利,也不可能是罗伯特。根据线索5,可知朱蒂不可能坐在13号,此条线索也排除了A排13号是查尔斯和文森特的可能。使用排除法,在A排13号的只能是托尼,根据线索3,可知安吉拉也在A排。除此之外,根据线索3,还可推知A排另外还有一位女性,她不可能是尼娜,因为尼娜坐在B排的12号座位(线索2),也不是珍妮特和莉迪亚(线索7),根据线索5,也可以排除朱蒂,通过排除法可知在前排座位的只能是玛克辛。根据线索4,玛克辛不可能坐在10或11号,我们已经知道他没有坐在13号,那么他肯定坐在12号。所以罗伯特坐在A排10号的位置上(线索4),剩下的安吉拉则坐在11号。根据线索3,我们可知彼特坐在B排11号。根据线索1,可知B排还有一位男性。他不可能是亨利,因为亨利在C排(线索3),而从线索5中,我们也可推知文森特不在B排10号或13号。至此,C排10号和13号位置上坐的什么人,目前还不太清楚。我们知道托尼和罗伯特在A排,使用排除法,可知在B排的只能是查尔斯,从线索5中可知,查尔斯没有坐在13号,所以他一定是坐在10号。根据线索5,可知朱蒂一定坐在C排10号,而她丈夫文森特则坐在11号。根据线索3和线索7可知,亨利坐在C排12号,而莉迪亚则坐在C排13号。最后只剩下珍妮特,通过排除法,可知她坐在B排13号座位上。

因此得出答案:
A排:10,罗伯特;11,安吉拉;12,玛克辛;13,托尼。
B排:10,查尔斯;11,彼特;12,尼娜;13,珍妮特。
C排:10,朱蒂;11,文森特;12,亨利;13,莉迪亚。

# 盾形徽章

有四位世袭贵族,他们都有一枚盾形家族徽章,编号为A、B、C、D。根据以下的线索,你能否说出每枚盾形徽章的所有者和颜色,以及徽章上的图案?

1.莱可汉姆领主的盾形徽章是火鸡图案,为的是见证自己的某位祖先在对抗异教徒的宗教战争中的英勇行为。这枚火鸡图案的徽章位于蓝色徽章的左边。

2.黄色的盾形徽章在刻有鹰图案的徽章的右边。鹰图案的徽章在伯特伦领主的徽章的邻旁。

3. 狮子不是曼伦德领主的徽章上的图案。

4. 盾形徽章C的背景颜色是绿色。

5. 盾形徽章A的图纹来自莱弗赛奇领主的家族。

6. 徽章的图案有：鹰、狮子、牡鹿、火鸡。

7. 徽章的颜色有：蓝、绿、红、黄。

## 【妙趣解析】

根据线索1和线索4,可知徽章A不可能是蓝色,也不可能是绿色。假设徽章A是黄色的话,那么与线索2中黄色的盾形徽章在刻有鹰图案的徽章的右边是自相矛盾的,如此,徽章A就只能是红色的。结合线索1可以断定徽章D是蓝色的,那么徽章B就是黄色的,由线索2,黄色徽章在刻有鹰图案的徽章的右边,那么这枚鹰图案的徽章A了。由线索1,已知莱可汉姆的火鸡图案的徽章位于蓝色徽章的左边(线索1),那么莱可汉姆的火鸡图案的徽章也就是绿色徽章C。

根据线索3,已知狮子不是曼伦德领主的徽章上的图案,用排除法,曼伦德领主的徽章上的图案也不可能是火鸡(线索1),结合上述信息也不可能是鹰,如此就只有是牡鹿了。根据线索2,鹰图案的徽章A在伯特伦领主的徽章的邻边。那么伯特伦领主的徽章是在B的位置上,结合线索1和线索5,运用排除法,徽章D就是曼伦德领主牡鹿图案的徽章。

由此得出结论：

徽章A归莱弗赛奇领主所有,为红色,图案是鹰。

徽章B归伯特伦领主所有,为黄色,图案是狮子。

徽章C归莱可汉姆领主所有,为绿色,图案是火鸡。

徽章D归曼伦德领主所有,为蓝色,图案是牡鹿。

## 隐藏的陷阱

1. 中午时分,一辆公共汽车从莫斯科开往图拉。1个小时之后,一个人骑着自行车从图拉前往莫斯科。众所周知,自行车的速度要比公共汽车的速度慢很多。当公共汽车与自行车相遇的时候,两者之中,到底是谁离莫斯科更远一些?

2. 半磅的20美元的金币和一磅的10美元的金币,哪个更值钱一些?

3. 6 点钟的时候,时钟敲了 6 次 。我看了看自己的手表,发现钟敲响的第一下到最后一下之间共用时 30 秒,请问第一次钟响到最后一次钟响的间隔是多长时间呢?

想一想之后就去看答案吧,看看你会不会掉到题中隐藏的陷阱中。

## 【妙趣解析】

这道题的标题已经告诉我们应该如何面对这三道题了:

1. 一样远。

2. 半镑的 20 美元的金币。

3. 6 次敲钟共用 30 秒钟,所以 12 次敲钟需要 60 秒钟。一般人们都会这样想。然而当钟敲到第六下时,每两次敲钟之间的停顿共 5 次,每次停顿是 $30÷5=6$ 秒。第一次和第十二次敲钟之间共有 11 次停顿,那么,12 次敲钟一共需要 66 秒。

# 两卷胶卷

某市正在进行一次选举。一家报社的摄影师带着两卷胶卷——一卷彩色胶卷、一卷黑白胶卷,来到了报社,交给了部门主管。在这两卷胶卷上,摄录了某一个候选人的生活细节。

1. 倘若在这次选举中,这个候选人最终能够获胜,那么这家报社的编辑们就会用 X 卷。

2. 倘若这个候选人选举失败,编辑们就会采用 Y 卷。

3. 相比 X 卷,Y 卷中的底片只有前者的一半。

4. X 卷是彩色片。

5. X 卷中大部分的底片都已经报废了,没有用了。

问题:

1. 倘若这家报社没有把候选人的彩色照片刊登出来,那么下面哪个判断是正确的?

A. 编辑们用了 X 胶卷。

B. 在这次选举中,这个候选人没有获胜。

C. Y 卷中的底片没有一张是有用的。

D. 在这次选举中,这个候选人最终获胜了。

E. Y 卷中大部分底片都已经报废没用了。

2. 倘若 Y 卷中全部的底片都有用,那么下列哪一说法是正确的?

A. 和 X 卷相比,Y 卷中有用的底片要多一些。

B. 和 X 卷相比,Y 卷中有用的底片只是前者的一半。

C. 和 X 卷相比,Y 卷中有用的底片要少一些。

D. Y 卷中的底片和 X 卷中的底片,其数目是一样的。

E. 和 X 卷相比,Y 卷中有用的底片是前者的两倍。

3. 倘若这个候选人在此次选举中获胜,那么下面哪一说法是真的?

a. 彩色胶卷将被采用;b. 倘若这个候选人落选,那么这家报社所用的彩色照片和黑白照片,在数目上会一样多;c. 不采用黑白片。

A. 只有 a 是对的。

B. 只有 c 是对的。

C. 只有 a 与 b 是对的。

D. 只有 a 与 c 是对的。

E. 只有 b 与 c 是对的。

## 【妙趣解析】

首先根据题设条件 4 可推知,X 卷是彩色照片,供这个候选人获胜时使用;Y 卷是黑白照片,供这个候选人落选时使用。

问题 1 应选(B)。根据已知条件 1 和 4,我们可以马上推出(B)的结果。

问题 2 应选(A)。根据已知条件 3,Y 卷中的底片只有 X 卷的一半,再联系已知条件 5,X 卷中大部分底片即超过二分之一以上的底片报废无用,由此可推知 Y 卷中有用的底片肯定比 X 卷中有用的底片多。

问题 3 应选(D)。

# 第五章

## 判断逻辑思维游戏

霍金曾经说过:"不能做出正确的判断,就无法得出正确的结论。"判断力是连接知识与道德、必然性和偶然性之间的桥梁,是人最重要和最有价值的能力之一,是决定成功的关键因素。而思维游戏是一种极好的训练方式,可以帮助游戏者在潜移默化中掌握各种判断方法。

## 如何进行排名

小张、小李、小赵、小丁、小周、小方、小王、小胡八个人参加一项游泳比赛,经过激烈的比拼后,最终的比赛结果为:在小李、小赵、小丁三人中,游得最快的是小李,游得最慢的是小丁,但小丁不是第八名;小方的排名是小张和小赵名次的平均数;小方要比小周高出 4 个名次;小王排第 4 名;小张比小赵跑得快。请依据上述条件,说出他们排名的先后顺序。

### 【妙趣解析】

根据上述提示的条件,八个人排名依次为:小张、小李、小方、小王、小赵、小丁、小周、小胡。

## 错误的论断

A 是一个玩魔术的专家,有一次在台上表演的时候,他将红桃、黑桃、梅花三种牌拿出来,放在了一个桌子上,他对观众表示牌的数目总共为 20 张。台下有三位观众甲、乙、丙,他们分别做出了以下的推断:

甲说:在魔术专家置于桌上的牌中,至少有一种花色的牌少于 6 张。

乙说:在魔术专家置于桌上的牌中,至少有一种花色的牌多于 6 张。

丙说:在魔术专家置于桌上的牌中,任意两种花色的牌的总数不会超过 19 张。

请问:在甲、乙、丙三位观众里面,哪位的论断有错误?

### 【妙趣解析】

甲的论断有错误。假设红桃、黑桃、梅花三种牌的张数分别是 6、6、8,这便很容易推翻甲的说法了。

## 敲房门

有一天,一家旅馆来了 3 对客人:两个男子、两个女子,还有一对夫妇。他们开了 3 个房间,门口挂上了带有标记的牌子,标记分别是 00、++、0+,这样就可以避免互相进错房间了。然而旅馆的服务员却非常喜欢开玩笑,他把牌子的位置巧妙地调换了一下,结果弄得房间里面的人与牌子全都对不上号了。在这样一种情况下,据说只要将一个房间的门敲响,听到里面的一声回答,那么就可以将各自的房间全部弄清楚了。

请问,到底应该敲哪个房间的门?

**【妙趣解析】**

由于人和牌子都对不上,因此挂0+的房间就不是那对夫妇,至于是两男还是两女,一听到回音就可以辨出了。如果是女音,那么该房间就是两个女子,00房间是一男一女,而++房间则是两个男子;倘若回音是男音,那么该房间是两个男子,++房间是一男一女,而00房间则是两个女子。

# 两个方案

汤姆是工会干事,有一天他对员工们说:"厂方已经表态了,倘若接受我们目前提出的要求,即一周工作时间少于44小时,那么早订下来的生产计划就不能完成了。"

员工马拉利于是喊道:"那么我们就罢工!"

汤姆接着说:"因此厂方提出了两个方案,让我们自己选择,一个方案是,他们将每周的法定工作时间缩短成40小时,然而为了完成计划,我们还得再加班4个小时,在这4个小时中,厂方付给我们的工资将是原工资的1.5倍。"

马拉利又嚷了起来:"我们还是要罢工!"

汤姆继续说:"另一个方案是,每周的法定工作时间依旧是44小时,不需要加班,然而每小时的工资按每镑增加5便士付给。"

马拉利再次喊道:"我们还是要罢工!"

汤姆说:"我计算了一下,在两个方案里面,有一个方案可以让工人的收入多一点。"

请问,是前一个方案还是后一个方案可以让工人的收入多一点?

需要注意的是,英国货币中的1英镑相当于100便士。

## 【妙趣解析】

相比于拿加班工资,工资每镑提高 5 便士要稍微强一些。为了计算上的简便起见,假定一个人每小时的工资是 1 镑,那么每星期也就是 44 镑。倘若拿加班工资的话,那么按 1 小时 1 镑收入 40 小时,每个员工的工资则是 44 镑,外加 4 个小时,每小时 1.5 镑,那么就是 6 镑,总共为 46 镑。但倘若按工资每镑提高 5 便士,那么就得工作 44 个小时,每小时 1.05 镑,则工资总共为 46.20 镑。

## 谁是盗窃仓库的窃贼

小张、小李、小柯、小南四个人都是仓库的保管员,一天,仓库发生了盗窃案,办案的警察经过对现场的仔细探查后发现,这四个人都有作案的嫌疑。于是,警察再次进行了核实,最终发现四个人中的两个人有重大的作案嫌疑。而找到有关案件的可靠线索有以下几个方面:

1. 小张和小李两个人中,有且只有一个人去过仓库。
2. 小李和小南不会同一时间到仓库。
3. 小柯如果去仓库,那么小南肯定会一同去仓库。
4. 小南如果没有去仓库,那么小张也没有去仓库。

那么是否可以判断是哪两个人作的案吗?

## 【妙趣解析】

有上述条件可以得知,小张和小南是盗窃仓库的窃贼。

## 被移动了的尸体

一天,小丽的朋友去看小丽,发现她死在了自己的卧室里,惊吓到的朋友赶紧报了警,几分钟后警察和法医就到了。法医对尸体进行了详细的检查,一个小时后,法医对探长说:"是他杀,大概已经死了二十三四个小时了,但是奇怪的是,现场没有作案的痕迹。"探长听后若有所思,突然他注意到桌子上的蜡烛在燃烧,这时他顺手打开日光灯,却发现停电了。他忽然意识到了:"这尸体是从别处移过来的。"

【妙趣解析】

当警察看到蜡烛后产生了怀疑,再加上停电,蜡烛一直都没有熄灭,假如死者是在自己房子里被杀的话,过了 24 小时,蜡烛应该早就燃尽了,所以,看到燃烧着的蜡烛,也就是说一定是有人夜里把尸体移过来,走时忘记吹灭了蜡烛。

# 胜利的策略

4 名参赛者进行了一次越野赛跑,为了把金牌争取过来,他们都使出了浑身解数。

艾伦的策略是这样的:以 16 千米/时的速度跑完前半段的赛程,以 8 千米/时的速度跑完后半段赛程。

布鲁斯的策略是这样的:前半段时间的速度是 16 千米/时,后半段时间,速度则放慢一些,每小时只跑 8 千米。

克利斯的策略是这样的:决定整场都用稳健的步伐前进,以 12 千米/时的速度跑完全程。

戴弗的策略是这样的:决定边跑边算步伐,她有一半的步伐以 16 千米/时的速度前进,另一半的步伐则以 8 千米/时的速度前进。

请问,在这 4 个人中,谁最先抵达终点?

【妙趣解析】

布鲁斯和克利斯先到达,然后是戴弗,最后是艾伦。为了便于思考,我们可以假设整个赛程是 16 千米。

艾伦总共花了 1.5 小时。他以 16 千米/时的速度跑了 8 千米,一共耗掉了半个小时,并且以 8 千米/时的速度跑了 8 千米,一共用了 1 小时。

布鲁斯花了 1.333……小时。假设他的总时数为 T,根据题意,他前半段时间的速度为 16 千米/时,后半段时间的速度为 8 千米/时,因此:$(0.5T×16)+(0.5T×8)=16$,得到 $12T=16$,因此 $T=1.333……$小时。

克利斯整场时速均为 12 千米/时,因此他也花了 1.333……小时。

戴弗用两种速度跑相同的步伐数,由经验可知:高速时的步伐长度大于低速时的步伐长度,因此他有一半以上的距离以高速前进,所以他所花的时间比艾伦少。高速时所花的时间少于低速时所花的时间,因此他有一半以上的时间以低速前进,所以他所花的时间比布鲁斯长。

由以上分析可知,他们抵达终点的顺序为:布鲁斯和克利斯同时到达,接着是戴弗,最后是艾伦。

## 象棋比赛

甲、乙、丙、丁和小强五位同学一起比赛象棋,每两人都要比赛一盘。到目前为止,甲已经赛了 4 盘,乙已经赛了 3 盘,丙已经赛了 2 盘,丁已经赛了 1 盘。

请问,小强已经赛了几盘? 分别是和谁赛的?

### 【妙趣解析】

按照常规思路,这道题似乎不太好解决。我们不妨画一个图来试试,用 5 个点分别表示参加比赛的 5 个人,倘若某两个已经赛过,那么就用线段将代表这两个人的点连接起来。

由于甲已经赛了 4 盘,除了甲以外,还有 4 个点,因此甲和其他 4 个点都有线段相连。由于丁只赛了 1 盘,因此丁只和甲有线段相连。由于乙赛了 3 盘,除了丁之外,乙和其他 3 个点都有线相连。由于乙赛了 2 盘,丙已有两条线段相连,因此丙只和甲、乙赛过。

由此可见,小强赛过 2 盘,分别和甲、乙比赛。

## 急中生智

小刚想到小勇家去玩,当他走到小勇家那条街的时候,却记不清小勇家的门牌号码了。应该怎么办呢? 常言说得好,急中生智。小刚突然想起有一次还专门研究过小勇家的门牌号码数。依稀记得这个门牌号码数是一个三位数,十位上的数字要比百位上的数字大 4,个位上的数字又比十位上的数字大 4。从这一点零碎的记忆中,可不可以将小勇家的门牌号码推算出来呢?

**【妙趣解析】**

由于十位上的数字比百位上的数字大4,个位上的数字又比十位上的数字大4,因此个位上的数字比百位上的数字大8。然而三位数的百位上的数字至少是1,个位上的数字至多是9,要使两个数字的差是8,那么百位上的数字只可能是1,个位是的数字只能是9。由此我们可以得到,十位上的数字是5。因此,小勇家的门牌号码是159。

## 如何辨别开关

一天,小贝问小西这样一个问题:有两间房,一个房间里有3盏灯,另外一个房间里则是能控制这3盏灯的开关,这两个房间都是分割开的,并且毫无关联。现在,如果分别进这两个房间一次,而且每个房间只能进去一次,然后判断出3个灯分别都是由哪个开关控制的,你有什么办法能做到呢?

**【妙趣解析】**

首先走进装有开关的房间,然后把3个开关进行编号,分别为1、2、3。先把开关1打开10分钟,然后关闭1,接着打开2,马上从开关房间出来,然后走到有灯的房间,这时亮着灯是由开关2控制,然后用手摸一下另外两个灯泡,如果发热的则是由开关1控制,凉的那一个由开关3控制。

## 单张发给了谁

多拉、洛伊丝与罗斯正在玩一种纸牌游戏,总共有35张牌,其中对子有17个,单张有一个。

首先是多拉发牌,先把一张牌给洛伊斯,再把另一张牌给罗斯,接着再给自己发一张牌;这样不断反复,直到将全部的牌发完;在每个人打出自己手中成对的牌之后,每个人的手中至少还有一张牌剩下来,而三个人手中的牌总共为9张;在剩下的牌里面,如果将洛伊丝与多拉手中的牌合在一起,那么可以配成最多的对子,如果将罗斯与多拉手中的牌合在一起,那么只能配成最少的对子。请问单张发给了谁?

提示:判定给每个人发了几张牌以及每两个人手中的牌加在一起能配

成的对子的数目。

### 【妙趣解析】

洛伊丝与罗斯各分到了 12 张牌,多拉则分到了 11 张牌,将对牌打完后,洛伊丝与罗斯手上有偶数张牌,多拉手上有奇数张牌。根据三个手中的牌总和为 9,假设 A、B、C、D 是剩下对子中的一张,那么三人配对的牌为:

洛伊丝:A、B、C、D;

多拉:A、B、C;

罗斯:D;

由此可知,单张牌在罗斯的手中。

# 钟表匠对时

有位老钟表匠,他是一个非常粗心的人。有一次,他专门为一个教堂安装钟表,可能是因为太粗心大意,因此将钟表的短针与长针装反了,和长针相比,短针走的速度反而是前者的 12 倍。因为是上午 6 点的时候装的,所以钟表匠将短针指在了"6"上,长针则指在了"12"上。装完之后,钟表匠就赶紧回家了。后来,心细的市民发现,钟表这个时候还是 7 点,没过多久便 8 点了。人们把这件事告诉了钟表匠,叫他过去看一下。钟表匠的工作非常忙,便说下午才有空去看。等钟表匠来到教堂的时候,已经是下午 7 点多钟了。钟表匠一看教堂的时间,认为没有出现什么差错,于是就回家了。然而钟表仍然 8 点、9 点的走,人们又找到钟表匠那里说。钟表匠在第二天早上 8 点多钟又赶到了教堂,用自己的身上的表一对,依然没有发现错误。

请问,钟表匠对表的时候是 7 点几分和 8 点几分?

### 【妙趣解析】

首先假设是 $x$ 分,那么便可以得到 $(7 + x/60)/12 = x/60$,$x = 7 \times 60/11 = 420/11 = 38.2$,因此第一次是 7 点 38 分;第二次是 $(8 + x/60)/12 = x/60$,$x = 8 * 60/11 = 480/11 = 43.6$,因此第二次是 8 点 44 分。在计算的过程中,可以采取四舍五入的方法。

## 乐队的人数

鲍勃与海伦经过公园的时候,看到尼克松中学的游行队伍由乐队作前导,正在进行排练。在乐队行进的时候,四个人一排,但有一个叫斯皮罗的男生却可怜地落在了后面。为了这个问题,乐队指挥可谓是伤透了脑筋。为了避免这位乐队队员单独留在队尾,乐队指挥决定将乐队改为三人一排行进,可是小斯皮罗依旧孤单一人走在最后一排。即便将乐队改为两个人一排行进,小斯皮罗的情况还是如此。

虽然这件事和海伦无关,然而她还是走到了乐队指挥那边。海伦说:"我可以给你提点建议吗?"

乐队指挥说:"不可以,小姐,你还是走吧!请不要打扰我。"

海伦则回应:"好吧!然而我还是要告诉你,最好是让乐队按五人一排行进,这样你就可以避免一位乐队队员单独留在队尾了。"

指挥说:"小姐,你说的正是我刚想到要试的方法。"

之后,乐队便按五人一排行进,果然不再有队员剩在队伍后面了。

请问,这个乐队究竟有多少人呢?

### 【妙趣解析】

将乐队总人数分别除以2、3、4之后,都会剩下余数1。符合这一条件的最小数字,一定比2、3、4的最小公倍数大1。12是2、3、4的最小公倍数,任何一个比12的整数倍大1的数,除以2、3、4,都会剩下余数1。

而一旦乐队以5人一排行进,这个时候便没有有余数。由此可知,总人数一定可以刚好被5整除。下面是比12的整数倍大1的数:13、25、37、49、61、73、85、97、109、121、133、145……在这些数列中,我们便能找出可以被5整除的数。对于一个中学乐队而言,145人不免太多了,因此尼克松中学的乐队人数,最有可能的是25人或者85人。

## 记错了价钱

一个农夫弄了一个鸡圈,这个鸡圈是三角形的,并且还是用铁丝网绑在插入地里的桩子而围成的。沿着鸡圈各边的桩子,其间距都是一样的,在这些等高的桩子上，则绑着很多等宽的铁丝网。

在笔记本上，这个农民做了如下的记录：

1. 面对仓库那一边的铁丝网的价钱：10 元。

2. 面对水池那一边的铁丝网的价钱：20 元。

3. 面对住宅那一边的铁丝网的价钱：30 元。

4. 这个农民买铁丝网的时候，用的钞票全部都是 10 元面额的，并且最后没有找零钱。

5. 这个农民为鸡圈各边的铁丝网所支付的 10 元钞票，其数目都不一样。

6. 在他所记录的三个价格中，有一个事实上记错了。

请问，在这三个价格之中，到底是哪一个记错了？真实的价钱是多少？

**【妙趣解析】**

根据记录 1、2、3 和 6，三角形鸡圈三条边的长度之比为 1∶2∶3，然而其中有一个数是不正确的。根据记录 4，错误的数字可以代之以一个整数。根据记录 5，错误的数字必须代之以大于 3 的整数。倘若以大于 3 的整数取代 2 或 3，那么便不可能构成一个三角形，因为三角形任何两边之和必定会大于第三边。

所是 1 是错误的数字，换句话说就是，面对仓库的那一边铁丝网的价钱 10 元记错了。倘若用大于 4 的整数取代 1，依旧不可能构成鸡圈。然而，倘若用 4 取代 1，那么则可以构成一个鸡圈。所以，面对仓库的那一边铁丝网的价钱为 40 元，而不是 10 元。

## 没有解的题目

李明、曹强与王晓刚三个人放学之后，进行了一次田径比赛。在比赛之前，他们就约定，每项比赛第一、二、三名的得分分别是 5、2、1 分，谁累计得分最多，那么他就获得了最后的胜利。比赛刚开始，曹强便获取了铅球比赛的第一名。然而，曹强和王晓刚也不甘示弱，在 100 米、跳高等比赛中，三个人你追我赶，气氛一直很激烈，项目一个接着一个进行下去。最后，经过顽强的努力，王晓刚终于获得了冠军，累计得分是 22 分，而李明与曹强都各自只得 9 分。

现在你可不可以猜出，铅球第二名是谁？铅球第三名又是谁？

## 【妙趣解析】

首先确定他们总共进行了几项比赛,这是解此题的关键所在。根据已知的情况,三个人的累计得分各自为 22 分、9 分、9 分,这样可以算出三人的得分总共为 40 分。而由规定可以知道,每一项得分总共为 5+2+1=8 分。于是可以猜出他们总共举行了 5 个单项的比赛。

因为王晓刚累计了 22 分,所以他必定有 4 个项目是第一名,1 个项目第二名。由此可以推断出,王晓刚获得了铅球的第二名,李明获得了铅球的第三名。

# 喜欢撒谎的一家人

有一家人非常喜欢撒谎,有一天中午吃饭的时候,奶奶先在圆形的餐桌前坐了下来,然后问其他四个人如何坐。这时妈妈说:"我要坐在女儿的旁边。"爸爸接着说:"我要坐在儿子的旁边。"爸爸话音刚落,女儿接着说:"妈妈是坐在弟弟的左边。"儿子说:"那我的右边是妈妈或姐姐。"那么,请问,他们一家人到底是如何坐的?

## 【妙趣解析】

如果是以奶奶的位置为主的话,那么顺序就是:奶奶的右边是妈妈、妈妈的右边是爸爸、爸爸的右边是女儿,女儿的右边是儿子,而儿子紧挨着奶奶。

# 首饰店被抢

小镇的中心地区有一家首饰店,一天遭到了抢劫。一位店员指控莱欧是抢劫犯,他说:"店门刚开之后,莱欧就闯了进来。当时我正背对着他,而他用枪抵在我的背上,他威胁我不要回头,否则就开枪,然后让我把壁橱内的所有首饰递给他,他应该把东西放在了手提包内,他逃走的时候,我看见他提着包。"

探长问道:"你是一直背对着他,那么他逃出去时,也是背对着你,你是如何知道他就是莱欧的呢?"店员说:"我总是把银器擦得很干净,所以,在递给东西时,看到他映在银器上的头像了。"听完他的话,探长微笑着看着店员说:"别再装了,你就是罪犯。"你知道探长是如何判断的吗?

**【妙趣解析】**

如果是通过银器看到的影像,那么通常反映出来的影像为倒影,所以根本无法确定谁是罪犯。

## 箱子夹层里的毒品

一天,从缅甸飞往北京的航班在北京首都机场降落,小张作为安检员按照惯例对旅客的行李进行检查。这时从飞机上下来3名游客,他们带着一个背包、一个纸箱子和一个帆布箱,看起来有些紧张。小张查看了他们的护照,发现他们是来旅游的,是当天早上从菲律宾首都马尼拉出关,然后经过曼谷,再经过上海,然后飞抵北京的。小张拿着护照看了一会儿,然后让他们打开箱子进行检查,果然,夹层中发现了毒品。

小张为什么会怀疑呢?

**【妙趣解析】**

因为有从马尼拉直接飞往北京的航班,没有必要在一天之内兜这么大一个圈子,所以,肯定有问题。

## 强盗分赃

杨损是唐代一个非常有学问的人,官居尚书,任人唯贤,对算学也非常精通。有一次,朝廷想在两个下属官吏里面提拔一个上来身居要职。由于两个人的情况不分伯仲,因此负责提升工作的官吏都觉得非常为难,于是就去向杨损请示。杨损稍微思考之后,便对前来请示的官吏说:"会速算,这是一个官员必须具备的一大技能,我可以出一道题,考一考他们的算学能力。哪个人算得快,那么就提升哪个人。"

杨损令部下将那两名官吏召来,然后当场出了一道题目:"有一人在树林子里面散步,无意中听到了几个强盗在商量应该怎样分赃。他们说,倘若每人分6匹布的话,那么还会剩下5匹布;如果每个人分7匹布的话,那么又会少8匹布。请问一共有多少个强盗? 多少匹布?"

听完题目之后,其中一个官吏很快就把答案算出来了,结果他便获得了提升的机会。而那个没有算出答案的官吏,虽然未被提升,但也输得心服口服。

那么,你知道答案是什么吗?

## 【妙趣解析】

这类问题就是我国数学史上有名的盈亏问题。公式是: (盈+亏)/分差=人数(单位数)。解法是: $(8+5)/(7-6)=13$ (强盗人数);$13×6+5=83$ (布匹数)。

## 脱下帽子跳河

一天早晨,人们发现桥下的河面上浮起了一具女尸,当尸体被打捞起来后,很多人都在围观,但是却没有一个人认识她。正当警察为侦破案件犯难的时候,一名男子划着小船快速从桥那边驶过来,他对警察如此说:"刚才,我从桥下面划过去时,看到这个女孩站在桥上面脱下了帽子,然后纵身跳到了河里。"周围围观的人一下子纷纷议论起来,但是雷特警官却对这名男子说:"你在撒谎,你还是告诉我们实情比较好。"

请问,警察是如何判断出来的呢?

## 【妙趣解析】

其实答案非常简单,因为人在划船的时候,船只行驶的方向和划船人面部的朝向是完全相反的,所以,按照这名男子的说法,他当时从桥下面划过,那么也就是说他是背对着桥身,所以,他根本就不可能看到桥上面所发生的事情,那么又怎么可能看到女孩是脱下帽子跳河的,所以,他在撒谎。

## 哈密尔顿的游戏

威廉·哈密尔顿爵士出生在爱尔兰的首府都柏林。在世界数学史上,让哈密尔顿青史留名的成就是他发明了"四元数"。

1856年,他发明了一种非常有趣的"周游世界"的游戏,这一游戏在当时曾经风靡一时。

哈密尔顿发明的这个游戏是用木雕刻成一个正十二面体,每面都是一个正五角形,三面相交而成一个角,总共有 20 个角,每个角上都标有一个世界闻名的城市。

哈密尔顿爵士就此提出了一个问题:沿着正十二面体的边,找出一条可以通过这 20 个城市的路,要求每个城市只能通过一次,最后再返回到原地。哈密尔顿把这个游戏叫作"周游世界",并且还亲自示范给了当时的人们。

你可以解决这个"周游世界"的问题吗?

## 【妙趣解析】

先从正十二面体的一个正五角形开始,走完 5 个点后,再走中间的 10 个点,然后再走剩下来的 5 个点,而这 5 个点刚好在同一个正五角形上。

# 第六章

## 推理逻辑思维游戏

恩格斯曾经说过一句话:"推理是探寻新结果的方法,可以让人从未知走向已知。"本章从提高推理能力的角度出发,精选了华盛顿高中、牛津附中等世界著名中学给学生做的多个思维游戏。通过这些游戏,可以锻炼游戏者更好地把握事物之间的联系,以及从多角度思考问题从而做出正确推理和决策的能力。

## 刘富翁之死

十月的一天,有人发现刘富翁在自家卧室里暴毙了。探长接到报案之后,马上赶到了现场,并让刘富翁家的女佣录了口供。

女佣说:"大概在两个小时之前,刘先生吩咐我给他做一杯加冰的威士忌放到卧室,之后他又说自己要洗澡,让我先准备好水。他还说洗完澡之后会小睡一段时间,让我在两个小时之后把他叫醒。可是,两个小时之后,我敲了很多次门,他都没有做出回应,因此我便擅自将他卧室的门打开了,那个时候,看到他已经口吐白沫倒毙在地上了。"

之后,警方进行化验,发现在刘富翁所饮的酒杯里面,除了冰之外,还有大量的安眠药成分。从表面来说,刘富翁的确像是自杀而死的,然而探长却认定这是一宗谋杀案,并且非常有可能是女佣做的。

试想,探长为什么会这样认为?

### 【妙趣解析】

刘富翁所饮用的酒杯里面的冰块,在两个多小时之后不可能还没有溶化掉,由此可见,那杯酒是后来才放在卧室的,因此探长怀疑女佣在说谎。

## 手中的木条

某住宅小区发生了一起凶杀案,一位公司职员在自己的家中被人杀死。

从现场来看,死者好像正在摆弄根雕,从同事口中,警察也探知死者生前很喜欢根雕艺术。现场的一切痕迹都被人为破坏了,可以确定,凶手与死者非常熟悉。

让警察十分不解的是,死者的两只手合握着一根长木条,他似乎企图把两只手合拢在一起,好像在向警方暗示着什么。私人侦探收到消息后也马上赶来了,他想了片刻说道:"我明白死者两手合握木条的意思了,我们应该根据死者留下的线索去破案。"结果,警察很快就将凶手抓住了。

请问,死者双手合握木条究竟有什么含义?

【妙趣解析】

暗示凶手姓"林"。

# 美丽的彩虹

在日本东京新宿区的一幢公寓内,发生了一宗凶杀案,时间大概为下午4点左右。

经过三天的深入调查,警方终于拘捕了一个与案件相关的嫌疑犯。然而,他却对警方说他有不在场的证据。他说道:"警察先生,凶杀案发生的那天,我正在箱根游玩。下午4点左右,我去了芦湖,在湖上划了一会儿船。那个时候正值雨后天晴,我看到一条美丽的彩虹横挂在富士山旁西面的天空上,因此凶手不可能是我,而是另有其人。"

请问,疑犯的话在哪个地方露出了破绽?

【妙趣解析】

疑犯的破绽在于,他说自己看到了西面天空上的彩虹。如果他真的看到了彩虹,太阳应该在彩虹的对面。既然案发时间是下午4点,彩虹应该在东面的天空出现,而不是西面。

# 自杀疑云

有一个商人做生意失败了,5月的一天,有人发现他死在了自己的家中。死因是头部太阳穴中弹。

警方接到报案后,马上赶到了现场进行侦查。现场发现死者躺卧在床上,被单盖住了他的身体和双手,在离床不远的地上放着一支手枪。警方经过详细的检验之后,证实手枪子弹弹头和死者中弹的弹头是一样的。

如此,警方判定死者是由于生意失败,被迫走上了自杀之路。第二天,这条新闻在报纸上刊登了出来,私家侦探李察看到之后,马上对助手说:"哼!这分明就是一宗谋杀案嘛,那些个警察真的不是一般的糊涂。"助手听完,疑惑与不信的神色遍布脸上。李察看到助手这副模样,笑着说出了判定该宗案件并非自杀案的具体原因。

请问,李察到底是凭什么做出这样的判断的?

**【妙趣解析】**

倘若是自杀的话,那么头部中枪后,不可能还有时间把双手放回被单里面。

## 雌雄大盗

有一年深秋,某地举行了一个佛法大会,会上展示了一颗千年舍利子,是一位古印度高僧留下的。因为这一颗舍利子在业界非常著名,所以引来了一位收藏家的暗中垂涎。这位收藏家用高价请来了黑道上闻名的朱氏雌雄大盗,请他们出马,务必保证偷到这一颗舍利子。

在法会上,这颗舍利子周围有 20 个僧侣正在供奉和诵经,旁边的围观者更是人山人海。之后,众多僧侣护驾,将舍利子送到了保险箱中收藏。那个时候,能够接近舍利子的只有寥寥几个人,如银行行长、秘书、佛学会会长、大会监督等。

那天晚上,在保安措施非常严密的情况下,舍利子还是被人偷去了,而这显然是朱氏夫妇所为。据知,男盗朱生预先就将佛学会会长绑架了,然后再易容假扮他,而他的太太朱氏,则什么锁都可以打开,因此也必然少不了她的帮助。然而,调查当局早就知道,朱氏已经身怀六甲,似乎不太容易藏身,而在有机会下手的人中,挺着大肚腩的只有那个银行行长,可是他的身材极为高大,朱氏很难假扮。

请问,朱氏到底藏身在哪里呢?

**【妙趣解析】**

朱氏混进了护驾舍利子的多名僧侣之中,因为有宽大的长袍遮掩着,只要把头剃光了,通常很难分辨出来。

## 说谎的司机

某年春天的一个晚上,某司机在驾车回清水湾家的途中,撞倒了一个老婆婆。司机非常害怕,顾不上老婆婆的生死,急忙就将车开走了。

到了家里,他发现车身完好无缺,并没有脱落油漆等物,于是赶紧将车开进了车房内,接着用钉子把轮胎刺破,再将地上的工具收拾好,之后便回到客厅里面看起了电视。

没过多久,门铃就响了。一位交警对这个肇事司机说:"先生,刚才有人看到你驾驶一辆车,在清水湾把一个老婆婆撞倒了,现在请你跟我们回警局协助调查。"

司机现出一脸惊愕的表情,急忙对交警说:"什么! 我开车撞倒了一位老婆婆? 你可不能乱说呀! 我今天晚上压根儿就没有离开过我的屋子,一个晚上都在看电视。并且我的车在昨天返家途中爆了胎,今天又没有抽出时间换胎。如果你不信的话,可以到车房检查一下呀!"于是,他便带着交警来到了车房中,发现其车已经爆胎了。交警疑惑地上前察看,并摸了摸车子的发动机,随后笑着说:"先生,最好别说谎了,目击者并没有看错,那位老婆婆的确是你撞伤的,我看你还是老老实实跟我们合作,把具体情形全部说出来,协助我们调查吧!"

请问,交警是凭什么证据将司机的谎言揭穿的?

【妙趣解析】

当交警用手摸汽车的发动机时,发现发动机仍然是温热的,这说明汽车在此不久曾开动过,所以司机分明是在说谎。

# 如何走出迷宫

一个小男孩和一个小女孩嬉戏玩耍时,不小心进入了一座迷宫,两个人走了好久都没有走出去,小女孩吓得哭了起来。正在这时,小男孩看到三条岔口的地方各竖立着一个牌子,第一个通道口的牌子上面写着"这条路通向迷宫的出口",第二个通道口的牌子上写着"这条路不通向迷宫的出口",第三个通道口的牌子上面写着"另外两条路口牌子所写的内容,一句是真话,一句是假话,我们保证,上述话绝对不假。"小男孩思考片刻,然后拉着小女孩的手高兴地说:"我们能出去了,我知道是哪一条路了?"

究竟哪一条路才是走出迷宫的路,你知道了吗?

【妙趣解析】

应该走第三条路,前提条件是第三路口牌子的提示是真的。以此分析,如果第一条路口牌子上写的是真话,那么它就是出口,且第二个路口牌子上说的是假话,如此,根据条件三的提示,如果第一条提示是假的,那么,第二路上的提示就是真的,所以,这两条通道都不是真正的出口,只有第三条路才是真正的出口。

## 鞋子的秘密

占美、汤逊和李察三个人是同事,9月的一天,占美兴高采烈地告诉汤逊和李察,他买的彩票中了一等奖,得了10万美元奖金。

李察一听,心中的贪念一下子就被点燃了。第二天晚上,趁汤逊值班,李察潜进占美的家中,将占美杀死了,并把10万美元现钞拿走了。

次日早晨,人们发现了占美的尸体,并且案发现场留有很多鞋印。根据现场的证据显示,警方逮捕了值夜班的汤逊。由于汤逊有一点脚跛,因此鞋底磨损的情形异于常人,留下的鞋印也不一样,而这些特征和凶案现场留下的鞋印完全吻合,加之汤逊的鞋底的确沾有现场的泥土,所以警方起诉了他,控告他犯了谋杀罪。

汤逊无奈地辩解道:"在三个月前,我和李察一起购买了这双鞋子,我那天确实是穿这双鞋子上班的。但案发那天,我在公司值班室睡觉,半步也没有离开过。"

警方询问道:"你这双鞋也放在值班室里面吗?"

"是的。因此不可能被人偷走。"

那么,李察到底用了什么样的诡计,在现场留下了和汤逊一样的鞋印?

【妙趣解析】

原来三个月前当汤逊买鞋的时候,李察也买了一双一模一样的鞋子。两双鞋子李察和汤逊轮流穿,所以磨损情况完全一样。案发那天,李察穿着其中一双鞋子来到占美家,将他杀死了,又故意在后院留下鞋印痕迹。次日,他再和汤逊的鞋子对换,接着将换出的鞋子丢弃了,因此现场的鞋印与汤逊的鞋印完全一样。

## 哪个才是撒谎村来的

小薇、杨杨和乐乐分别来自三个不同的地方,他们中间有一个人来自撒谎村,这时有人问小薇:"你是来自撒谎村吗?"虽然她进行了回答,但是大家都没有听清楚,这时杨杨回答说:"小薇说自己并不是来自撒谎村,我也不是那个地方的人。"乐乐接着说:"杨杨是撒谎村来的,我不是。"

看到这里,究竟谁是撒谎村来的,你明白了吗?

### 【妙趣解析】

重点就在小薇那句没人听清楚的回答,如果小薇来自撒谎村,那么,她会说:"我不是撒谎村来的。"如果她不是撒谎村的人,那么她也会这么回答。所以,杨杨对小薇的原话进行复述,这说明杨杨不是来自撒谎村,但是,乐乐却说杨杨来自撒谎村,这就说明乐乐来自撒谎村,因为只有一个人来自撒谎村,所以,小薇也不是撒谎村的人。

## 手表指认凶手

白先成是一位一夜暴富的商人,最近,他遇到了一个大麻烦。自从白先成发现自己的妻子有外遇后,便雇人狠狠地将妻子的外遇对象揍了一顿,甚至还打断了那个人的左腿。正当白先成觉得非常解气的时候,他雇请的打手如丧家之犬一般跑来对他说,那个被打的人居然是当地一个黑帮头目的亲弟弟,他们已经组织人追杀打手和幕后人了。说完之后,打手就匆匆忙忙地逃往外地了。白先成心想,这一下可闯下大祸了,对于对方的厉害程度,他是非常清楚的。白先成打算找中间人联系跟对方讲和,情愿花巨款消灾。晚上8点多,在白先成预先订好的某大宾馆客房内,来了两名陌生的"客人"。没想到半小时之后,客房里面就传出了枪声,或许是双方在谈判时发生了激烈争吵,以致动用了暴力。服务员急忙跑过去,发现两名"客人"正从客房跑出来,打算逃离宾馆。服务员没有胆子阻拦他们,赶紧跑进房间,发现白先成正惊恐万分地大瞪着眼睛,枪打在了他的脖子上,血直往外冒。白先成将服务员的手紧紧抓住,说道:"凶手,20时47分……"话音刚落便倒地死了。

刑警抵达凶案现场之后,经过调查,从服务员口中得知两名"客人"的体貌特征,很快就将两名嫌疑人捕获了。然而,两名嫌疑人互相推诿,都说杀死白先成的是对方,而在现场捡获的手枪上也并没有发现两个人留下的指纹。

之后,刑警又对两名嫌疑人人身进行了检查,最终断定戴液晶表的嫌疑人是凶手。

请问,你能揭示出其中的原因吗?

**【妙趣解析】**

凶手戴的是液晶显示的手表,因为只有这种手表才可以显示"20 时 47 分"这个时间,其他手表的刻度均是 12 小时制的。因此,白先成临终前看到凶手戴的一定是液晶表,刑警由此得知戴液晶表的人便是凶手。

## 移形换影

盗牛贼在某一天晚上现身,然而不巧的是,他的行踪被牧场主发现了。盗牛贼意识到形迹已经败露,因此只能落荒而逃。牧场主随即骑上快马追赶盗牛贼,没有料到的是,盗牛贼居然跑得比马还快,没过多久就在茫茫麦田中消失了。牧场主从马上下来,一看田埂,上面全都是牛蹄印。

"真是岂有此理,这个盗牛贼原来是骑牛来的,怪不得无法找到人的脚印。啊!有问题啊,如果他真是骑牛来的,那么我怎么可能追不上呢?"

牧场主百思不得其解,次日便请私家侦探克莱前来调查。克莱跟着牛蹄印一直往前走,没过多久便折了回来,肯定地说道:"盗牛贼是骑马逃走的。"克莱看到牧场主欲言又止,知道他心里面的疑惑,于是继续说道:"地面上之所以全是牛蹄印,只是因为盗牛贼在马脚上装上了牛蹄形的铁套。""你没有将盗牛贼逮住,又怎么知道是马呢?"牧场主人又问。

之后,侦探克莱又拿出了一个纸包,打开让牧场主看。牧场主看后,不禁失笑,之后又不住地点头。

请问这个纸包内到底藏着什么东西?

**【妙趣解析】**

侦探克莱手上的纸包里装的是马粪。由于马粪和牛粪一眼就可以分辨出来,因此虽然盗牛贼可以在马蹄上装上牛蹄形铁套,却无法让马拉出牛粪来。

## 飞机谋杀案

天空湛蓝,一架大型客机正在空中平稳地飞行着。空姐在巡视机舱的时候,突然发现有一名中年男子已经在舱内暴毙,于是马上报告给了机长。机长决定在最近的机场着陆,并立即通知了警方。警方叫上法医火速赶到现场进行调查,发现死者是因为中了一种剧毒而死亡的。然而毒是从哪里来的呢?根据乘客名单,警方得知死者名叫米高,是一个制衣厂的大老板,他这次出门是为了洽谈生意。之后警方又对其他乘客进行调查,唯一可疑的是坐在死者后面的一位叫冷雪的女子,她实际上就是一名职业杀手。然而,她周围的乘客都说,死者在死亡之前,冷雪一直都在自己的位置上坐着,用吸管不停地喝着汽水,并没有和死者接近。

警方对冷雪的行李物品进行了检查,发现在她的手袋中有一枚带线的缝衣针,而武器一类的东西并没有找到。

请问,冷雪是不是杀人凶手?倘若是,她的作案过程又是怎样的?

### 【妙趣解析】

凶手就是冷雪。她在那根缝衣针上涂了毒药,在用吸管喝汽水的时候,偷偷将毒针吹向死者的头发处,刺中他的表皮,令死者中毒,之后又乘机将毒针拔回。

## 隐形的凶器

某一日,伯爵的妻子正在椅子上午睡。不知什么时候凶手偷偷潜了进来,他用尖锐的利器将伯爵夫人的咽喉刺穿了。当时墙上的大钟刚好指在3点整,而凶手逃走的时候,不幸碰到了管家,最后束手被擒。

警方随后到达现场侦查,他们发现在凶手的身上居然找不到凶器,而整个命案现场,甚至连刀的影子也没有。案发的时候,有一个园丁正在院子里修剪花草。警方对园丁进行询问,他说案发的时候,窗子都是关着的,由此可见,凶器也没有被丢到窗外去。

那么,凶手是通过哪一种凶器进行谋杀的呢? 凶手杀人之后,又将凶器藏在了什么地方呢?

第二天,这宗悬疑的凶杀案被一家报纸报道了出来。名侦探杜班看到这则新闻后,不禁叹道:"凶器不就远在天边,近在眼前吗!"

请问,名侦探杜班是怎样推断出来的呢?

**【妙趣解析】**

凶器就是挂在墙上大钟内的长针。因为大钟的长针是用铜片制造的,前端锋锐可以刺穿人的喉咙。只要凶手杀人后,将针上的血迹拭去,再将它放回原处就可以了。

## 深夜的监视

警方接到线报,一大批通缉犯和黑社会头目藏匿在新界的偏僻村落。为了防止打草惊蛇,高级督察查理进行了周详而严谨的部署。先是派警员乔装成村民,对现场环境进行勘察,发现嫌犯们藏匿的村屋处在隐蔽的丛林中,四面有窗和门,非常便于逃走,因此为了避免这次行动失败,查理又专门派了8个干练的警探悄悄地埋伏在丛林中。然后打算等天色暗下来,便伺机行动,并在每个出口安排两人把守。

到了深夜时分,一阵秋风吹过,树叶哗哗哗地落了下来,预计通缉犯们正在蒙头大睡。查理意识到机不可失,于是将数十人调动过来,准备发起突袭行动,可是就在此时发现,8名警探中居然有4个人不知所踪了。由于担心这次行动受到阻延,所以只好另召警察紧急救援。终于将这些通缉犯全部拘捕了。事后,4名失踪的探员受到了查理的质询,幸好这次行动成功了,否则4人必定会受到降职的处分。

没想到这4个人却说:"我们觉得现场根本就不需要8个人驻守,4个人就可以监视整间屋子了,因此对于您的意见,我们没有遵守,希望您见谅!"

查理认真听了他们擅自更改计划的原因,感到的确有道理,因此并没有对此事进行追究。

请问,4名警探是怎样监视那批罪犯的?

【妙趣解析】

4人站在4个屋角,1人便可监视两个门口,到疲倦的时候,由另外4个人顶替。所以,当查理进行突袭行动的时候,另4名警探正躲在暗处休息呢!

## 毒药在哪里

热辣辣的太阳下山之后,有人发现林先生在家中暴毙了,警方接到报案,马上赶到了现场。经过一番仔细的调查,发现死者的额头被撞肿了,除此之外,身上并没有其他的伤口。同时,在案发现场,也没有发现任何凶器。然而,有一个吃剩的法国面包掉在了死者的身旁,而且面包非常干硬,警方推测,死者是在吃这块面包的时候遇害的。

为了将死因彻查清楚,于是警方要求解剖尸体。几天之后,解剖报告出来了,证实死亡原因确为中毒。但只在死者的血液中发现了毒药,而胃液中却没有,所以可以肯定毒药是由伤口渗入的。这样一来,就更加让警方觉得疑惑了:既然死者的身上没有任何伤口,那么毒药究竟是从哪里渗入体内的呢?

【妙趣解析】

原来毒药藏在面包里面,凶手是利用某些物质(如糯米糊)使面包变硬。林先生不知就里,在吃面包时用力过猛,致使口腔被面包割伤,毒药便由此渗入到血液中了。

## 失火还是纵火

某居民住宅发生了火灾,导致3人死亡。由于该住宅都是老式木结构房屋,所以烧得很快很彻底,不仅使快速赶来的消防官兵不能及时救火,而且还让勘查火灾现场的工作变得极为困难。

警方派出了警探徐松协助勘查火因,他抵达事发地点,看过火灾现场之后,也十分失望。之后,徐松找到了该户住宅唯一的逃生者,对她进行调查询问。她是这样说的:当天早上,公婆和丈夫都还没有起床,为了给他们做早餐,她一大早就起来了。当她在做油炸饼的时候,去了一趟卫生间,由于没有灭火致使炸油过热导致起火。她从卫生间出来之后，发现已经起火了，于是马上灭火，并将煤气灶的开关及时关掉。然而不幸的是，她在慌张中居然把灶台上的一桶油当作水浇在了起火的铁锅中，这样一来，火势一下子就变大了。她惊吓过度，只能慌张逃离现场，而公婆与丈夫发现大火醒来的时候，时间已经来不及了，并且窗户外均设有铁栅，不能及时逃生，以致被烧死。

徐松看着悲伤的少妇，也有些伤感起来。但随后仔细分析，发现了问题的所在。

请问，你可以分析出这是失火还是纵火吗？

**【妙趣解析】**

少妇是撒谎的纵火犯。首先，铁锅里的油着火后，浇一桶水和浇一桶油的情况刚好相反。油比水轻，如果浇水的话会让火势更大，而浇一桶油，火反而会因为缺氧而熄灭，绝对不会让火势变大。所以，少妇所说的和实际情况不符。

其次，虽然窗外有铁栅，但门外是没有的，她的公婆和丈夫完全可以从门口逃生，由此可见门被人预先锁住了。火灾后，门被烧毁，证据也被烧毁了。因此，少妇的说辞隐瞒了部分实情。

# 珠宝抢劫事件

大艾尔和小乔刚刚抢劫了一家珠宝店，在他们身后不远的地方，就驻守着一批警察。他们在逃跑的过程中来到了一片废弃的砾石场，小乔曾经在这个砾石场工作过。两个人停下来，将装有珠宝的袋子扔进砾石场，并记下了具体地点。为了保证袋子藏得更加安全，他们还在袋子落下的地方撒了一层干沙。20 秒钟之后，他们再望一次原地，发现袋子干沙已经与下面的湿沙混合在了一起。两人个跑了两英里，最后还是被警察逮捕了。然而没过多久，由于证据不足，警方只好将他们释放了。第二天，有人在砾石厂发现了小乔的尸体，而大艾尔则不见了踪影。

请问，你能分析出当时的具体情形吗？

提示：

（1）大艾尔和小乔都没有对警察说过到哪里去找珠宝。

（2）排除动物、鸟或其他人将珠宝偷走的可能。

（3）珠宝已经不在原地了。

（4）大艾尔晚上没有将珠宝拿走，他没有怀疑拿走珠宝的是小乔，小乔也没有怀疑拿走珠宝的是大艾尔。

（5）他们已经将藏珠宝的确切地点记在了脑子里。

【妙趣解析】

珠宝被扔在了流沙上，大艾尔费了好大劲才找到了珠宝。小乔也去找过，结果陷进流沙中死了，没有留下任何痕迹。

## 熟悉的声音

八月的一天，一个陌生人来到了卡尔侦探社。这个人是一位年约50岁的中年绅士，戴着黑边眼镜，蓄着一撇小胡子。他说有人要暗杀他，因此想请人保护自己。

他说，他已经结婚20年了，夫妻之间感情很好，非常恩爱。但他有一个鲜为人知的秘密，他在外面有一个刚20岁出头的年轻情人，而该情人本有一位法国男友。最近一段时间，情人的男友无意中得知了他们的关系，心里十分妒忌，几乎丧心病狂，除了请人专门跟踪他们之外，还说要置他于死地。

近日，绅士的太太正在海外旅行。中年绅士昨天晚上加班回家，当他打开家门的时候，发现屋内凌乱一片，心想不好，因此专门请求卡尔帮助。卡尔答应了，并叫他明天早上再来，共同研究一下对策。

第二天早上，卡尔一到办公室，桌上放着的报纸上的头条新闻就将他吸引了。新闻中说昨天有一个中年绅士被人暗杀了，卡尔仔细看了一下照片，发现照片上正是昨天来找他的那名男子。于是他赶紧和助手斯达奔赴现场。中年绅士的尸体在床上安放着，脸部已被毁容无法辨认。警方根据死者的指纹，与现场环境相结合，推测出疑凶应该是把窗户撬开，潜进屋内，然后杀害了熟睡中的户主。在书桌上面，正摆放着一张法文报纸。

之后，卡尔便向警方陈述了昨天这位中年绅士拜访他的事。警方马上登报，明言通缉绅士情妇的法国男友。

被害人的妻子听到自己的丈夫遇害的消息，十分伤心，并马上从旅游地赶了回来。她对于丈夫有外遇一事十分震惊，因为20年以来，丈夫都是一个好好先生,不仅非常顾家,而且还特别爱护妻儿。

关于这宗奇案,一直没有找到破案的头绪。有一日,卡尔与斯达一起来到一家餐厅吃饭,正在交谈的时候,突然听到邻桌那边有一个十分熟悉的声音,循着声音看去,发现中年绅士的妻子正在和一个陌生人说话。这个时候,卡尔恍然大悟,终于清楚是怎么一回事了。

请问,你知道是怎么一回事吗?

**【妙趣解析】**

事实上,那个陌生人即是在卡尔侦探社出现的中年绅士。他和原来绅士的妻子有着见不得光的关系,担心被绅士知道,于是特意假扮成绅士,到卡尔侦探社求助,并凭空捏造了年轻情人和法国男友的故事。绅士的妻子先把窗户打开才离去,从而制造不在场的证据。当天晚上,中年人便潜入室内,将绅士杀死。如果被害者的脸保存完整的话,那么他的计划就会露出破绽,于是便将被害者毁容。为了扰乱警方的侦查视线,还放下了一份法文报纸,从而把自己伪装成一个法国人。两人正打算开始以后的"幸福"生活,没有想到的是,因为他的声音,最后还是被卡尔识破了。

## 自杀与他杀

春天来临之际,对于莫森有无充当间谍的行为,联邦密探开始了调查。然而在调查期内,警方却发现莫森自杀了,似有畏罪自杀之嫌。因为在莫森死前,他坚称自己并非间谍,因此至今还没有定罪。

莫森是在他的寓所里面死的。因为他有洁癖,所以家内总是井井有条、一尘不染的。莫森死在了自己的床上,一张床单整齐地盖在他的尸体上,半杯牛奶和一个八十粒装的空安眠药瓶摆在床头柜上。联邦密探也曾对现场进行过检验,并没有发现半点可疑之处,只是感到他没有理由在定罪之前自杀,这样就等于自认罪过了。

最后,因为一个微小的破绽,联邦密探们才恍然大悟过来,他们认为,莫森被杀的可能要远远高于自杀。

你可以找到其中的破绽吗?

**【妙趣解析】**

莫森有洁癖，爱好整洁，但并不意味着在痛苦死亡的时候他不会挣扎。一般来说，如果一口气吃下 80 粒安眠药，在药性发作时往往是非常痛苦的。除非他慢慢地吃，然而在入睡之后，他又怎么把药丸如数吃下呢？只有被人注射过量的安眠药剂，才会在不知不觉中死去。莫森的确吞了几粒安眠药，不过之后在熟睡中又被人注射了药剂而被灭口，死者没有半点挣扎痕迹即是明显的破绽了。

## 不在场证据

一位名人被人杀死了，警方怀疑杀人犯就是 A，然而，他却有证人证明自己不在场。A 声称，在凶案发生的时间内，他刚好在家中与朋友 B 一起吃夜宵，一起看电视，电视上的那个节目是现场直播的，他甚至可以将具体内容说出来。警方向证人 B 询问，发现 B 是酒徒。B 对警方说，那一天晚上，他正在 A 的家中，和 A 一起喝酒，也在看那个电视节目。警方多次询问，发现 B 并没有说谎。然而，破绽很快就被他们找出来了。

请问，A 是用什么方法，利用 B 当他的不在场证人的？

**【妙趣解析】**

A 用录像机预先把节目录下来，杀人后再请 B 饮酒，接着又重播该节目。B 是一个酒徒，醉醺醺地根本就不知道时间，所以无意中做了 A 的证人。

## 沙滩上的尸体

炎热的夏天，清凉的海边，挤满了弄潮儿。突然，在平坦且广阔的沙滩上，一具浮尸被巨浪冲了上来，一把水果刀正插在尸体上。

救生员发现了尸体，急忙报警，警方经过调查得知，凶手显然是在行凶之后，游水逃跑了，然而案发的时候，为何会没有人注意到呢？根据验尸官的报告，死者的死亡时间大约是在当天下午 4 时左右，而在那一段时间，沙滩上应该挤满了很多人，到底疑凶是通过什么方法逃避了其他人的注意呢？

## 【妙趣解析】

在凶案发生之前，凶手一直都在附近监视着死者。适值涨潮时间，当死者游近岸边的时候，凶手就借助涨潮这个机会，将他暗杀了，而且随即丢下武器，往海里游去了，当潮水退下来之后，尸体被海浪冲到了岸边才被发现，而凶手早已远遁而去。

## 失踪的赎金

一伙歹徒绑架了一个富翁的儿子。根据富翁的司机的说法，他在开车送富翁儿子回家的时候，被人拦截了下来，富翁的儿子也随之被歹徒掳走了。没过多久，有人给富翁打电话，让他吩咐司机，在旅行袋内装入1000万元，埋在某个公园的草丛中。司机按照吩咐把赎金埋在了已经枯黄的草丛中，而警方则在附近监视着，可是一直没有看到有人过来将赎金拿走。次日，警方掘开了埋赎金的地方，拿出了旅行袋，而袋子里面的1000万元赎金却消失了。没过多久，富翁的儿子就被释放了。

请问，这一千万元赎金到底去哪里了？

## 【妙趣解析】

司机是绑匪之一，他先掘了一个大洞，把一千万元赎金放进去，接着倒入泥沙，压平后再放上旅行袋，然后把洞填平。所以，警方只将旅行袋取了回来，而司机则可以事后再把赎金取走。

## 防弹劫匪

十月的一个晚上，一阵秋风吹过，巡警陈副刚好在九龙城区巡逻，这时，他发现一个黑影在漆黑的窄巷内闪过。陈副看到他行动怪异，于是紧追上前喝令该男子停步，打算索取身份证调查。该男子突然反转身体，从怀中抽出一把水果刀，不由分说就刺向了陈副的腹部。陈副来不及躲闪，腹部中刀，疑犯马上拔足狂奔。

陈副受伤之后，一边电告上司请求支援，一边负伤紧追疑犯，并大声喊道："喂！前面的可疑男子听好了，马上把武器放下，束手就擒，不然的话，我就开枪了!"

该男子沿着巷子狂奔,陈副无奈之际,被迫向该男子开了一枪,并将他的右脚射中了。陈副忍着疼痛向前追,没想到该男子屈膝摸了摸右脚,之后又飞快地逃跑了。陈副见此情景,被惊住了,于是又向该男子补了一枪,依旧射中了他的右脚,男子屈了屈膝盖,马上又站了起来,随之便消失在黑暗中。

几分钟之后,大队警员赶来了,他们派人将受了重伤的陈副送往医院进行急救。另留一小队警员在巷中搜寻弹壳,其余警员则全力缉拿该男子归案。

然而非常奇怪的是,他们在巷内很仔细地搜寻,居然没有找到一粒弹壳,甚至地上一滴血也没有,各警员只得收队回局。

没过多久,在土瓜湾的一个码头,警员们终于抓捕了该男子,同时嫌犯虽然右脚受伤却没有流血的谜案也被揭破了。

那么,你知道答案是什么吗?

【妙趣解析】

正常的人,脚中两枪,必然会倒下而束手就擒,纵然抓不到人,地上也会有一些血迹留下,怎么会连一滴血迹也没有呢? 然而,倘若被枪打伤的人装的是假肢,那么不管中多少枪,都是不会流血的,并且逃走也不会有太大的问题。

## 海滩弃尸案

天慢慢暗了下来,在海滩边捡了一个下午垃圾的环保人员老张和老李正准备回家休息。这个时候,老张却发现了异常情况:有两个硕大异常的物体,在不远的海面上漂浮着。

老李看到后,随即说道:"一定又是哪个不懂环保的人扔的垃圾,这些人真是没有一点环保意识!"

"等一会儿,我看那两个不像是装垃圾的袋子,也许是别的东西。"老张一边说,一边往那边跑去,老李只好跟在他的后面。

相距不到20米时,老张和老李才看清不明物体为两个黑色的编织袋,两个人顿时有了一种不祥的预感,走上前去一看,发明从编织袋里面已经露出了一只脚。老张和老李看到此情此景,惊出了一身冷汗,慌慌张张报了警。

警方接到报案之后,马上赶到了现场。由于海滩上基本没有人来,因此现场保护得非常好。跟着警方一同赶到的柯南探长,他发现现场有明显的轮胎痕迹,这说明海水还没有涨潮,不然轮胎印早就被冲没了。这几天也没有吹过海风,由此可推知尸体并非从其他地方漂来的。然而,接下来的发现让大家大吃一惊,现场除了老张和老李的脚印,就是警察们自己的脚印,根本就没有发现其他人的脚印。

根据常识,倘若嫌疑人用车辆装运尸体前来弃尸,在他下车搬运尸体的时候,海滩上一定会留下他的脚印。然而对现场进行搜查,却发现一个脚印也没有。

有人说道:"莫非嫌疑人会飞不成?不用落地也可以把尸体抛下来?""不可能!"柯南探长有着数十年的破案经验,他自然不会相信。

然而究竟是怎么一回事呢?柯南探长一时也找不出头绪。这个时候,他看到一辆厢式汽车停在远处的公路上。柯南探长思索了一会儿,便语气坚定地对大家说:"尸体是用厢式汽车运到海滩的,现在我们的破案重点,就是搜查那辆厢式汽车。"

那么,柯南探长是怎样知道的呢?

【妙趣解析】

原来柯南探长看到远处的厢式汽车,联想到案件本身。倘若嫌疑人是用小汽车或者载货卡车运载尸体,那么在他下车时,一定会留下脚印。可是假如换成厢式汽车,嫌疑人把车开到海边,就可以在车上直接把尸体扔到海里,现场也就不会留下脚印了。

# 第七章

## 记忆逻辑思维游戏

　　记忆力,就是获得、保存、回忆知识经验的能力。记忆力是人最重要和最有价值的能力之一,是超越他人、迈向成功的关键因素。培根曾说:"记忆是一切智力活动的基础。"记忆逻辑思维游戏是提升记忆力的有效训练方法,它可以潜移默化地帮助游戏者掌握各种记忆方法。

## 回忆手势

A 和 B 一组,B 做 5 个手势,并且 B 在做手势的时候,A 不可以跟着做,只能在旁边认真看。当 B 将 5 个手势做完之后,A 才可以按照 B 的方法重复做一遍。

手势 1:把两只手的食指与中指分别伸出来。

手势 2:把两只手的小指分别伸出来。

手势 3:把两只手的 5 个手指全部伸出来。

手势 4:把两只手的大拇指分别伸出来。

手势 5:两只手分别握紧拳头。

第一遍做完后,可以再把手势的顺序倒着做一遍,即第五个手势变成第一个,第一个手势变成第五个。看谁的记忆力更好,做得又快又准确。

【妙趣解析】

略。

## 停车的次数

有一辆公共汽车,上面载有 16 名乘客。当它驶进第一个站点的时候,有 4 个人下车了,同时又有 4 个人上车;在下一站,又有 4 个人下车了,同时有 10 个人上来;在下一站,有 11 个人下去了,同时又有 6 个人上来;在下一站,又有 4 个人下去了,同时有 4 个人上来;在下一站,又有 8 个人下去了,同时有 15 个人上来。

请你接着计算:公共汽车继续向前行驶,到了下一站,有 6 个人下去了,同时又有 7 个人上来了;在下一站,有 5 个人下去了,这时没有人上车;在下一站,有 1 个人下去了,同时又有 8 个人上来。请问,这辆公共汽车一共经过了几站?

【妙趣解析】

倘若一开始你被众多的数字绕住,那么你会非常困惑,思路混乱,不清楚哪个信息是有用的。但事实上非常简单,只要数一下站点,就能知道这辆公共汽车一共经过了 8 个小站。

# 记住词汇

一个词以及它的定义,你是怎样记住的呢? 通过反复背诵的方法,你可以记住它,然而我们都清楚,这一方法既枯燥且耗时。事实上,你可以通过想象,将它变成生动的影像。

在这里,我们以"consternaion"一词举例说明,该词表示非常惊讶、惊慌或令人诧异的恐慌。我们怎样把它想象成影像呢? 它包含着哪些音节,不妨大声重复"con—ster—nation 或者 con—stern—nation"。第一音节"con",也许会让你联想到一个罪犯(convict);第二音节"ster",你可以产生一个船尾(stern)的图像,或者一个汤匙在碗中搅拌(stir)的图像;"nation"可以代表一个国家,例如联合国,又或是一个地球仪或一本地图集。所以,你可以做这样的想象,有一个罪犯正坐在船尾上,打算逃往某个国家。

## 【妙趣解析】

略。

# 动物公共汽车

两人一组,A 将下面的这些题目念给 B 听,接着便让 B 回答问题。题目如下:

一辆动物公共汽车从始发站开出的时候,车上总共有一头大象、两条蛇和一头河马。

第一站:下一头大象,上一只老虎。

第二站:下一头河马,上一匹马。

第三站:下两条蛇和一只老虎,上两只老鼠。

第四站:下一匹马,上一只兔子。

第五站:下一只老鼠,上一只鸡。

第六站:下一只老鼠,上一条狗。

问题:

1. 开车的时候,车上一共有哪几种动物?

2.在第一站,下了哪些动物?

3.两条蛇是在哪一站下的?

4.最后一站,究竟上了哪种动物?

5.汽车一共经过了几个小站?

6.在这道题目中,总共出现了哪几种动物?

**【妙趣解析】**

略。

# 巧记书名

在规定的时间之内,把下列书名全部记住。要求按照次序记忆,切不可把顺序颠倒了。①《绿云缘》;②《平山冷燕》;③《西游记》;④《平鬼传》;⑤《好逑传》;⑥《玉娇梨》;⑦《三国演义》;⑧《白圭志》;⑨《水浒全传》;⑩《琵琶记》。

**【妙趣解析】**

略。

# 选择性记忆

两人一组,A依次将下列每组的数字与汉字念出来,每隔一秒,就念一个数字或汉字。A每念完一组,B就对数字的顺序进行回忆,并念出来。比如说,A念"家—4—水—3—风",B只能念"4—3"。

A.家—4—水—3—风。

B.快—2—走—7—军。

C.开—8—雨—5—电—6。

D.表—2—多—5—饭—3。

E.好—3—坏—9—东—6—手—2。

F.嘴—2—书—1—笔—4—飞—9。

**【妙趣解析】**

略。

# 减少信息

将手表、铅笔、水杯、糖、火柴盒、书、剪刀、积木、钥匙、报纸等物品摆放在桌上,让你的同伴认真地看一分钟,然后让他把每个物品的名称说出来。一分钟之后,将同伴的眼睛遮住,把铅笔、糖、剪刀拿走,接着让他再看一下,请他说出是哪些物品少了。

**【妙趣解析】**

略。

# 三次农民起义

汉代有三次较大规模的农民起义:一是绿林起义,发生于公元 17 年;二是赤眉起义,发生于公元 18 年;三是黄巾起义,发生于公元 184 年。前两次起义发生于西汉;后一次起义则发生于东汉。

请问,怎样更好地记住这些历史事件?

**【妙趣解析】**

事实上,使用对比法可以很容易地记住这三次起义的时间。然而,起义名称的先后顺序容易搞混,这往往是最不好记忆的地方。其实,采用联想记忆法可以很好地避免这类失误。这三次起义的名称里都包含有一种颜色,绿林起义之绿色,赤眉起义之红色,黄巾起义之黄色,记忆的时候,可以和枫叶联系起来。枫叶在春夏时节呈绿色,秋天变成红色,冬天则会演变成黄色。这样,就可以达到较好的记忆效果。

# 超级记忆

把笔准备好,将下面的词认真看一遍,尽可能地全部记住。看完之后,把它们掩盖上,然后根据它们出现的次序逐个写出来。写完之后,对照着该词汇表进行核对。

| | | |
|---|---|---|
| 1. 花 | 8. 电脑 | 15. 书 |
| 2. 电灯开关 | 9. 猫 | 16. 糖果 |
| 3. 大门 | 10. 桌子 | 17. 杂志 |
| 4. 汽车 | 11. 拖鞋 | 18. 篮球 |
| 5. 手套 | 12. 鸡蛋 | 19. 游泳池 |
| 6. 枪 | 13. 熊猫 | 20. 香烟 |
| 7. 手机 | 14. 戒指 | |

## 【妙趣解析】

略。

# 复述数字

下面是一组数字,你可以请一位朋友帮助你一起做这个游戏。首先让你的朋友以正常语速念一遍下列数字,接着你再跟着复述一遍。然后按照次序一排一排将其念出来,看一下是到第几排你不能顺利地说出的?

5

36

985

8　134

03　865

173　940

8　377　291

34　820　842

649　320　048

9　385　726　283

83　721　547　497

932　624　499　284

4　872　058　713　339

93　810　492　248　113

837　295　720　488　820

9　285　720　683　004　826

59　275　028　148　532　811

## 【妙趣解析】

略。

# 数字记忆游戏

下面是一组数字,请在 40 秒钟之内将其记住,接着马上进行默写。

45　57　18　79　82　96　15　21　74　52

37　85　49　63　89　27　91　39　68　23

默写完了之后,根据下列公式将自己的记忆效率计算出来。

记忆效率=默写正确的数字数÷20(原来记忆的数字数)×100% 。倘若你默写对 8 个,那么你的数字记忆效率就是:(8÷20)×100% =40% 。

## 【妙趣解析】

略。

# 算术记忆游戏

用 30 秒钟的时间,记忆下面的算术题,然后进行复述。

4+3-1　5×4-3　7×4-5　3×3+7　6×8-9

3×6-9　3÷5×2　5×8÷4　8÷2×8　9÷3+6

4+6×3　9÷3-2　9-2×3　8×6-5　4×9-7

5×8-9　3×6-7　6÷3+8　8÷2-7　6×7-3

6+8-4　7×9-6　3×5+9　4×8+9　7+5×4

## 【妙趣解析】

略。

## 单词记忆游戏

下面是 20 个在意义上各自孤立的单词,请在 40 秒钟之内将其记住,接着马上进行默写。

黄河　算术　馒头　帽子　电影

农民　剪刀　良心　山峰　磁带

柏树　太阳　扫帚　钞票　火车

战士　公园　石油　小鸡　锣鼓

默写完了之后,根据下列公式将自己的记忆效率计算出来:

记忆效率=默写正确的词数÷20(原来记忆的词数)×100%。倘若你默写对 10 个词,那么你的单词记忆效率就是:(10÷20)×100%=50%。

**【妙趣解析】**

略。

## 物品记忆游戏

将瓶子、纸盒、钢笔、书等摆在桌子上。对于每件物品,都进行两分钟的追踪思考,也就是说,在两分钟之内,对每件物品的一系列有关内容认真思考一翻。比如说,在思考瓶子的时候,可以联想到五花八门的瓶子,想到这些瓶子的独特用途。还要想到各种各样的制作方法,以及制作玻璃瓶的矿石来源等。但是,也要对自己的思想进行控制,切不可想那些无关紧要的内容。两分钟之后,马上将注意力转移到第二件物品上。开始的时候,很难做到两分钟后的迅速转移,然而若每天练习 20 分钟,持续两周,情况就会大有好转。

**【妙趣解析】**

略。

## 图画记忆游戏

仔细观察一幅画,接着把眼睛闭上,对画面的内容进行回忆,尽可能地做到完整,如对于画中的人物、衣着、桌椅以及各种摆设,都要有所领会。回忆之后,把眼睛睁开,再观察一下原画,倘若不太完整,再重新来过,进行下一遍的回忆。这个训练不仅可以使注意力变得集中,而且还能让注意到更广范围的能力得到提高。此外,在地图上寻找一个比较陌生的城镇,也可以达到提高观察时集中注意力的目的。

【妙趣解析】

略。

## A 读 B 听

两人一组,A 将下列物品名称读给 B 听,每一个名称读 3 秒钟,总共读 30 秒钟。接着,B 再用 30 秒钟进行回忆。然后,B 再默念出来。

桌子　铁锹　大门　牙刷　月亮

眼镜　汽车　苹果　邮票　花猫

【妙趣解析】

略。

## 书写数字

找一张白纸,要求将 1～300 的数字在 7 分钟之内准确写完。测验之前,最好先进行一番练习,觉得书写流利、胸有成竹之后再开始。注意把时间掌握好,越接近结束的时候就会变得越慢,而稍微一放慢速度,就有可能写不完。通常在 199 之前,每个数字差不多在一秒钟之内就可以写出来,而书写199 后面的三位数字,每个一般都要超过 1 秒钟。此外,书写换行时也会费一定的时间。

**【妙趣解析】**

略。

# 盯住秒针

找一块表,认真盯住秒针,并且眼睛跟着秒针的移动而移动,一直看下去,直到秒针走完 3 圈,也就是 3 分钟为止。这段时间之内,切不可被别的事情打断,也不要因为胡思乱想而使自己的注意力受到破坏。

**【妙趣解析】**

略。

# 从 20 数到 0

从 20 开始,每隔两个数数到 0。如 20、17、14、11、9……倘若中途错了的话,则必须从头重新数一遍。对于注意力不太集中的人,经常做这个练习,会有非常明显的效果。

**【妙趣解析】**

略。

# 纸上即兴狂写

准备一张纸,选择一个自己感兴趣、比较了解、积累了较多知识的题目,例如物理、日本、纽约、华盛顿、英国等。接着,尽可能地将自己知道的、有关这个题目的知识都写在纸上。比如说,写日本时,可以把日本的历史、现状、战争、地形、气候、经济、政治、风俗习惯等写出来。写英国,可以将英国的兴衰及其原因、文化成就、著名人物、农民起义等写下来。

**【妙趣解析】**

略。

## 自由的想象

你能否由一个词联想出 10 种事物，并将这 10 种事物连贯起来。比如，由"儿童"一词，我们可以联想到下述 10 个事物：风筝、日本电影、山口百惠、鞋、商店、集邮、革命、老房东、核桃。10 个事物连贯起来可以是：儿童一般都喜欢放风筝；而由风筝，可以联想到日本电影《风筝》；由这部日本电影，可以想到日本演员山口百惠，她的演技非常好，她脚上穿的鞋总是那么漂亮；由鞋子，可以联想到自己的鞋带断了，必须到商店买一双新的鞋子；由商店，可以想到在商店工作的阿勇喜欢集邮；由集邮，又可以联想到阿勇现在收集了很多邮票。下面，试着用物理、足球、火箭、马四个词进行自由想象。

【妙趣解析】

略。

## 联想记忆游戏

下面这组词，请用心看两分钟，尽量将其记住。

| 帽子 | 信封 | 房屋 | 纽扣 | 猫 |
| 电话机 | 钱币 | 铅笔 | 袜子 | 书 |
| 仙人掌 | 鳗鱼 | 上衣 | 木夹 | 车灯 |
| 点心 | 办公桌 | 花边 | 米饭 | 钓钩 |

倘若让你按照顺序将它们默写出来，那么你会发现，很多词都记不起来了。为什么会这样？其实原因很简单，就是方法不正确。倘若运用联想记忆法，那么问题就会简单许多，不妨试一下。

【妙趣解析】

有一顶帽子，在它的底下，摆放着一部电话机。电话机的听筒是一盆仙人掌，上面全是刺。拿这个仙人掌听筒的人的确不太方便，何况在他的嘴中，还塞满了点心。点心里面藏有一封很小的信，将其折开，里面居然还有钱。钱的上面印了一条鳗鱼，突然这条鳗鱼就活泼乱跳起来了，它往办公桌的下面钻去。这张办公桌在一所房屋里，房屋的烟囱看起来像一支非常大的铅笔,有铅笔屑洒落到了上衣上。上衣布满了花边,中间还钉有很多的纽扣。掉进了地上的袜子中,而袜子的上面夹着一个木夹。纽扣碰到木夹飞了起来,飞进了盛有米饭的碗中。碗的旁边,一只猫正在一本书上蹲着,它受到惊吓立马逃出了门外,恰好一盏车灯照着了它。它往前一扑,不幸被车前的钓钩钩住了。

## 奇特的联想

杰克老师有一个叫汤姆的朋友,他把杰克老师的《现代法语词典》借走了,一直都没有还。

杰克是一位法老师,备课的时候他常会用到《现代法语词典》,而汤姆的住处又在很远的地方,想用的时候又无法马上去要。事实上,两人也时常碰面,可是每次见面,杰克老师都没有想起来要书……就这样,杰克老师每次备课,都显得十分吃力。

请你想一想:倘若使用奇特联想法,如何联想能使杰克老师在碰到汤姆时就想起要书呢?

### 【妙趣解析】

杰克老师可以如此联想一番:首先想一下朋友汤姆的容貌,而且在脑海里想象汤姆头上顶着那本《现代法语词典》的形象。这本《现代法语词典》,可以把它想象得非常的大、非常的重,和汤姆相比,要大出 3 倍乃至更多。所以,头顶着这本书的汤姆显得非常吃力,在书的重压下,禁不住龇牙咧嘴、汗流浃背,两条腿抖得就像一个弹三弦的……最好是想得具体、奇特和好笑,这样再次碰到汤姆的时候,就不难记起要书了。

## 数字之间的关系

有一组数字:14、39、76、59、24、62、86、92、49、34、96。试着在一分钟之内,将这组数字记住。要求只要全部记住就行了,顺序可以随意变换。

### 【妙趣解析】

上列这组数可以分成如下 4 类:

1. 个位数都是 4, 十位数分别是 1、2、3 的——14、24、34。
2. 个位数都是 9, 十位数分别是 3、4、5 的——39、49、59。
3. 个位数都是 6, 十位数分别是 7、8、9 的——76、86、96。
4. 个位数都是 2, 十位数分别是 3、6、9 的——32、62、92。

## 连锁记忆

倘若在一天之中, 你必须做如下五件事:

(1) 订购电视机。

(2) 打字。

(3) 订一套西服。

(4) 与交易对手田中氏会晤。

(5) 买进邮票。

请问, 你应该如何记住它们?

### 【妙趣解析】

最好是按照顺序, 把这五件事记忆下来:

(1) 电视机和打字机——想象电视机的屏幕上面出现了打字机的键, 把纸按键塞到电视里面。

(2) 打字机和一套西服——有一套用打字纸做的西服, 想象自己穿着它。

(3) 一套西服和田中氏——想象田中氏穿着一套肥大的西服, 正在翩翩起舞。

(4) 田中氏与邮票——想象在一张很大的邮票上面, 田中氏被贴到那里, 苦苦挣扎。

关于开始的那个电视机, 可想象为学校的大门成了电视机的图像。如此一来, 在每次出入学校的时候, 五件事就会在一瞬间记忆起来。

## 记住词语

要求在两分钟之内, 把下列词语记住。

冬瓜  钢笔  黄牛  电视机  棉被

茶叶　山峰　脸盆　电灯　　玉米

## 【妙趣解析】

冬瓜—钢笔：把冬瓜切开，里面居然没有瓜子，而是一支一支的钢笔。

钢笔—黄牛：将钢笔套打开，一头黄牛从里面跑了出来。

黄牛—电视机：黄牛一下子就把电视机撞碎了。

电视机—棉被：在电视机的屏幕内，飞出了一床棉被。

棉被—茶叶：将棉被拿出来，抖一下，居然有很多茶叶飘出来。

茶叶—山峰：飘出来的茶叶，将一座山峰遮盖住了。

山峰—脸盆：山峰坐落在一个脸盆里面。

电灯—玉米：电灯中并没有钨丝，而是一个玉米在发着微光。

# 分类记忆

在两分钟之内，将下列词语记住。

钢笔　　衣架　洗衣机　毛巾　书包　　肥皂
笔记本　刷子　电风扇　墨水　电冰箱　收录机

## 【妙趣解析】

在进行记忆的时候，根据这些物品的性质，可以将其分成 3 类。

电器类：洗衣机、电风扇、电冰箱、收录机。

生活用品类：衣架、毛巾、肥皂、刷子。

文具类：钢笔、书包、笔记本、墨水。

# 归为杂类

在两分钟之内，请将下列词语记住。

夹克　军舰　山脉　机枪
皮鞋　政治　筷子　坦克
领带　火炮　钢笔　裤子

**【妙趣解析】**

对上述词语进行分类记忆的时候,对于军事用品类、服装类,我们往往容易进行归类,而别的并非一种类别的应该怎么办呢? 事实上,可以归为杂类。

军事用品类:军舰、坦克、火炮、机枪。

服装类:夹克、皮鞋、领带、裤子。

杂类:山脉、筷子、政治、钢笔。

# 视觉记忆游戏

将一幅图展开,在这幅图中,画有如下 10 件物品:电灯、书、椅子、刷子、手表、上衣、床、鞋子、足球。请花 30 秒看图,接着花 30 秒钟做下列数学题。

紧接着,在 30 秒之内,将如下数学题做出来:

| | |
|---|---|
| $5+5-2 =$ | $3 \times 5 =$ |
| $1 \times 2+3 =$ | $6-1 \times 3 =$ |
| $4-1+2 =$ | $6 \div 2-1 =$ |
| $4 \div 2+2 =$ | $18-2-1 =$ |
| $10 \times 3-2 =$ | $25 \times 3 \div 5 =$ |
| $2+21 =$ | $16-4 =$ |
| $32 \div 16 =$ | $5 \times 9 =$ |
| $20-4 =$ | $8+11 =$ |
| $7 \times 3-1 =$ | $12 \times 3 =$ |
| $5+8 =$ | $33 \div 3 =$ |

30 秒之后,无论算出了多少道题目,都必须马上转入下一个 30 秒,对图中的物品进行回忆,并记录自己可以回忆出的内容,有几项。

**【妙趣解析】**

略。

## 听觉记忆游戏

　　两人一组,A 高声读出 10 件 B 所熟悉的物名。比如,10 件物品分别为尺子、电筒、手枪、猫、花、电风扇、毛巾、夹子、眼镜、自行车。每个用 30 秒记忆,然后花 30 秒时间,做下面的练习题:

| | |
|---|---|
| $8 \times 4 =$ | $11 \times 4 =$ |
| $20 \div 4 =$ | $12 + 24 =$ |
| $5 + 8 =$ | $54 \div 6 =$ |
| $19 + 3 =$ | $33 - 12 =$ |
| $60 \div 12 =$ | $33 \div 11 =$ |
| $6 \times 6 =$ | $29 - 7 =$ |
| $70 - 15 =$ | $10 + 3 =$ |
| $14 \times 3 =$ | $15 \div 1 =$ |
| $3 \times 6 =$ | $30 - 9 =$ |

30 秒之后,再用 30 秒回忆 10 件物品,并记录成绩。

### 【妙趣解析】

略。

## 视听记忆游戏

　　两人一组,A 每 3 秒为 B 提供一张图片,一共 10 张,并为 B 高声读出图片中的物名,接着像前面的测验一样,花 30 秒的时间做一组数学题,然后再花 30 秒的时间对图片进行回忆,并记录成绩。

### 【妙趣解析】

略。

## 短时记忆游戏

　　请看下面的数字表:

| 972 | 641 | 183 |
|---|---|---|
| 3485 | 2730 | 3750 |
| 91406 | 85943 | 79625 |
| 516927 | 706294 | 523647 |
| 3067285 | 1538796 | 3865241 |
| 58391024 | 29081357 | 27593869 |
| 2164089573 | 4790386251 | 08642671903 |
| 45382170369 | 4790386215 | 0846271903 |
| 987032614280 | 541960836702 | 726149258031 |

上面是任意排列的 3~12 位数的数字表,请一位朋友向你读这张数字表的每一组数字,你的朋友每读完一组数字,从位数少的数字开始逐渐到位数多的数字,你都紧跟着复述。不妨从四位数开始,倘若四位数通过了,那么就试五位数、六位数……直到你对某一长度的数字的复述出现了错误,或者无法复述为止。

【妙趣解析】

略。

## 数字训练

某日,在上课的时候,许多学生的情绪都不太稳定,不是做一些小动作,就是左顾右盼、东张西望。老师看到这等情景,心里十分生气。于是,他便给学生们出了一道题:先请同学们把 5、1、2、4、7、1、4、3、8、6 这 10 个数字牢记住。然后进行提问:让同学们说出第几个数字是几。比如,第四个数字是几,第九个数字是几?哪个先答对的话,哪个就可以回家,否则,就要被留在学校。老师话还没有说完,汤姆便把手举了起来,老师提问,汤姆快速而准确地回答之后,便开心地说道:"我可以回家了。"看到汤姆回答得这么快而准确,老师与同学们都非常惊奇。

请问,汤姆是如何记住这些数字的?

【妙趣解析】

其实汤姆进行了一番认真的思考,他根据记忆广度的限制性特点,将 10

个数字分成了 512—471—4386 这三个单位,然后再进行记忆。倘若老师问他第 6 个数字是什么,他很快就能想到第二个单位的末位数是 1。同样,如果老师问第 7 个数字是什么,他很快就会想到第三个单位的首位数是 4。

## 扑克牌的点数

在 8 分钟之内,将如下 20 张面目各异的扑克牌的点数记住,并且设法将它们的顺序也记下来,也就是说,只把方块 7 记住也不行,还要记住它排在第五个位置,以此类推。

(1)黑桃 Q      (11)黑桃 3

(2)方块 8      (12)红桃 6

(3)红桃 3      (13)梅花 K

(4)梅花 J      (14)黑桃 2

(5)方块 7      (15)方块 4

(6)黑桃 A      (16)梅花 7

(7)红桃 K      (17)方块 9

(8)梅花 9      (18)黑桃 J

(9)方块 5      (19)红桃 J

(10)方块 6      (20)方块 Q

【妙趣解析】

略。

## 商品的价格

在 5 分钟之内,将下列 20 种商品及其价格记住,接着用一张纸盖住商品的价格,将你能记住的价格数写在纸上。

钢笔   8.3 元      冰箱   2500.00 元

皮鞋   21000 元      笔记本   2.80 元

苹果   8.00 元      手套   14.00 元

蛋糕   16.90 元      电脑   7400.00 元

运动衣   39.00 元      手表   270.00 元

| | |
|---|---|
| 窗帘  17.60 元 | 蔬菜  5.80 元 |
| 洗衣机  700.00 元 | 月历  37.00 元 |
| 帽子  27.00 元 | 书包  18.00 元 |
| 围巾  34.00 元 | 台灯  52.00 元 |
| 教科书  11.00 元 | 沙发  1700.00 元 |

**【妙趣解析】**

略。

# 记住商品

在两分钟之内,将如下 20 种商品记住,并且还要连带记住它们的序号。接着将它们盖住,看你可以记住多少。

| | | | |
|---|---|---|---|
| (1)电视机 | (2)毛巾 | (3)眼镜 | (4)汽车 |
| (5)蛋糕 | (6)橘子 | (7)书 | (8)小提琴 |
| (9)游戏机 | (10)洋娃娃 | (11)戒指 | (12)邮票 |
| (13)圆珠笔 | (14)黄瓜 | (15)日历 | (16)牙膏 |
| (17)《读者文摘》 | (18)皮鞋 | (19)皮带 | (20)领带 |

**【妙趣解析】**

略。

# 把数字写在纸上

每隔 10 秒钟,把下面各数字记忆一下,接着再将它们写在纸条上。

(1)267

(2)4373

(3)96004

(4)80392

(5)6370367

(6)365

(7)4339

（8）1047034

（9）682595

（10）5693765

## 【妙趣解析】

略。

# 自测记忆能力

注视下面的数字，每行均花20秒记忆，接着将其盖上，从下向上回忆，并写在纸条上。需要注意的是，数字排列从左到右的，写的时候要从右到左。

（1）3,9,7

（2）4,2,1,10

（3）6,3,4,9,0

（4）8,5,3,9,10,8

（5）10,8,7,3,9,4,6

（6）386

（7）6603

（8）70394

（9）634597

（10）8000672

在一列数字中，只要记错一个数字，就打×。反之，则打O。每打一个O，就可以得到0.5分，满分20分。

A.16～20,特别优秀。

B.11～15,优秀。

C.8～10,普通。

D.6～7,稍劣。

E.0～5,十分低劣。

## 【妙趣解析】

略。

## 看散文，答题目

下面是一位旅美作家的一篇优秀散文，请在 3 分钟之内阅读完，并尽可能把它们记在脑海中。

柏克莱的校园很清雅。在风萧萧的树林子里有古朴的木桥，桥下有曲折的小溪，小溪的源头有绿草如茵的山坡，起伏的山坡顶上是白色的钟楼——这里的"注册商标"。

不过，我最喜欢的是这儿的学生活动中心的广场，和广场上每天中午的热闹。

每天，中午 12 时，钟楼就开始了"敲打乐"——有时候是十分流行的曲子。敲钟的是位老太太，她已经敲了一辈子。

钟声一止，好戏就上演了。

广场上来来往往的大都是出来吃午饭的学生们和教职员们。有的人坐在枇杷树下的长椅子上，有的人席地躺在青草坡上，三三两两吃着三明治，晒着太阳，聊着天南地北。

虽然只是短短的一个钟头的休息时间，但是可看的戏却不少。在你啃着三明治的时候，随时有人来到广场的水池旁边或者树下校门边儿上，弹的弹，唱的唱，地上也不忘摆个小罐子收钱。这些都是"素人音乐家"，水准都是不差的，也不像是真想得着赏钱。学生们遇到动听的也绝不吝惜他们的掌声。有时候学校里的乐队——也不知是请来的还是学生们自组的，也会鼓弦喧天地的表演一番。闻乐起舞，人不以为怪。

除了放假和下雨，这里总是热热闹闹的。学生示威的、罢课的，都要来此演说。他们说宗教是古老的传说，他们说坏蛋讨厌，有钱人讨厌，有势的人也讨厌（最后只剩下自己最可爱了）。

观光客（总背着照相机）、牵狗的、蓬头垢面的也都夹在人群里面。这里是相当地自由，至少可以绝对地呼吸到那样的空气。

此外，还有顶有趣的一些狂人。

有的来演讲，只见他来回走着，念念有词，声调有高下，手势很可观，只可惜语无伦次不知他在说些什么——这是演讲狂。

有的来特技，穿一身古怪服饰，戴防毒面具，表演无声片时代的慢动作，犹如在打西式的太极拳——这是表演狂。

昨天来了一个人,提着一只皮箱,俨然是魔术师的模样,他看见人就把身上的皮夹子掏出来往地下丢,告诉别人里边有钱。为什么不捡? 为什么不捡? 他追着人问。

这些狂人,大都没有害人之心,不过他们也只能吸引那些新来的学生,对于老柏克莱人来说,他们就不是什么精神上失常的人了,反而是有点儿像什么心理学大师到这儿来做什么人性的实验似的。

我极喜欢我在这所校园里中午的一小时的休息时间。我常常在那短短的热闹里,想起两句诗:

现实是人类的牢笼,

幻想是人类的两翼。

要是你想张开天真的两翼,飞出现实的牢笼,请来这儿看看,请来中午阳光下的柏克莱学生活动中心的圆水池旁边的自由天地的纯洁而不愚蠢的学生当中走走——你会明白所谓最高学府"最高"二字的乌托邦意义。

下面的 10 个问题,每个问题都有 4 个答案,其中只有一个答案是正确的。请在你认为正确的选项上打√。

1. 上面这篇散文,主要是在讲柏克莱的(　　)。
　　A. 办公情景　　　　　　　B. 上课的情形
　　C. 校园情景　　　　　　　D. 参观的情形

2. 柏克莱的"注册商标"是(　　)。
　　A. 白色钟楼　　　　　　　B. 学生的活动中心广场
　　C. 起伏的山坡　　　　　　D. 曲折的小溪

3. 午休时间,广场上来来往往的学生们和教职员们大都是出来(　　)的。
　　A. 上课　　　　　　　　　B. 下课
　　C. 吃午饭　　　　　　　　D. 游行

4. 中午一般休息多长时间? (　　)
　　A. 半个小时　　　　　　　B. 45 分钟
　　C. 一个小时　　　　　　　D. 一个半小时

5. 除了放假和(　　),广场上通常都是热闹非凡的。
　　A. 考试　　　　　　　　　B. 罢课
　　C. 下雨　　　　　　　　　D. 节日

6. 广场上最有趣的当数那些(　　)。

A.狂人 　　　　　　　　B.画家

C.观光客 　　　　　　　D.素人音乐家

7.观光客夹在人群中,他们的背上总背着(　　)。

A.小孩 　　　　　　　　B.照相机

C.雨伞 　　　　　　　　D.背包

8.昨天来了一个人,提着一只皮箱,俨然是(　　)的模样。

A.演说家 　　　　　　　B.观光客

C.魔术师 　　　　　　　D.老柏克莱人

9.多少有点儿老僧入定那种功夫的是(　　)。

A.心灵 　　　　　　　　B.智慧

C.幻想 　　　　　　　　D.狂人

每答对一个问题,可以得 1 分。满分为 10 分。

A.8～10 分,特别优秀。

B.6～7 分,优秀。

C.4～5 分,普通。

D.2～3 分,稍劣。

F.0～1 分,十分低劣。


**【妙趣解析】**

1.C;2.A;3.C;4.C;5.C;6.B;7.C;8.C;9.D。

# 第八章

## 反应逻辑思维游戏

反应力是当代人应当具有的基本能力之一。在当今社会,我们每个人都要面对比过去成倍增长的信息,怎样快速地对这些信息进行分析,是人们把握时代脉搏、跟上时代潮流的关键。这就需要我们具有良好的反应能力。通过本章的反应逻辑思维游戏训练,可以提升游戏者的反应力,增强其反应逻辑思维的水平。

## 选举制度

所谓选举,是指享有选举权的人,根据一定的程序与方式,将代议机关的代表或某些国家公职人员选出来的一种行为。具体办法一般都由国家法律规定,投票、举手、起立、鼓掌、口头表达等,是其最常见的方式,它和世袭、任命等有着很大的区别。在下述几种方式中,不属于选举的是(　　)。

A. 徐娇参加公务员资格考试,结果被录用,在财政局当秘书。

B. 县人大代表选出张行等十名代表参加省人大。

C. 县委组织部任命徐强同志为副书记。

D. 根据村里的约定,村小学理事会的工作全权由李开式负责。

【妙趣解析】

ACD。

## 死者的遗书

一位客人在旧金山的一家旅馆内服毒自杀,名探劳伦斯接到报案之后,立即赶往现场进行调查。被害者是一个英国人,从表面上的诸多迹象来看,他是由于中毒致死的。劳伦斯询问旅馆负责人,负责人指着桌上的一封信说道:"三天之前,这个英国人就已经住在这里了,你看,桌上还留有遗书。"劳伦斯小心翼翼地将遗书拿起来细看,上面是这样写的:母亲,姐姐,我对不起你们。日期为 3.15, AM8:09。之后,劳伦斯便像得到答案一样地说道:"这人绝对不是自杀的。"

请问,劳伦斯凭什么这么说呢?

【妙趣解析】

劳伦斯看了信上的日期后,推断凶手可能是美国人。因为英国人写时间的格式是先写日期,再写月份。然而美式写法则刚好相反,是先写月份,再写日期。

## 赛马

有两位绅士,他们非常喜爱运动。有一次,这两个人决定进行一场赛马比赛,双方定下了一个反常的规矩,即谁的马先到终点,谁就输掉了这场比赛,那么后到达终点的人就是最终的获胜者。两个人奋力抽打自己的马往前跑,当跑了1000米的路程时,他们的马已经浑身是汗了。在离终点不远的地方,他们两个人都开始把速度减下来了,接着在距离终点100米处,两个人干脆停下来。想起前面定下的那个规矩,两个人纷纷从马背上跳了下来,去和一个在地里观看比赛的农民探讨应该怎么办。当这个农民听完他们定下的比赛规则之后,给他们想了一个办法。而两个人听完之后,便快速跳到马背上,不断在路上加速前进,似乎每个人都想争着第一个到达终点。需要注意的是,那个农民给他们想的办法没有改变他们先前定下的规矩。那么,你可以猜出这个办法是什么吗?

### 【妙趣解析】

两个人互换了马,谁的马先到,那么另一个人便输了这场比赛

## 吝啬的姨夫

明代艺术家徐文长到姨夫家做客,等了半天,姨夫才端出一盘菜来,而且只有一个鸡蛋。姨夫说:"文长啊,实在是不好意思,你来得不是很巧,如果你能晚来三个月,那么这个鸡蛋就可以变成一碗鲜鸡汤了。"徐文长听后,微微一笑,回道:"啊,真是难为您了。"

有一天,徐文长回请姨夫,等了半天时间,徐文长才端出一盘竹片来,并对姨夫说道:"姨夫啊,实在是很不好意思,你来得不太巧……"

请问,徐文长是如何回击吝啬的姨夫的?

### 【妙趣解析】

徐文长对姨夫说道:"您要是早来三个月的话,那么这盘竹片还是一碗鲜美的竹笋呢!"

## 智过界桥

两个邻国 A、B,中间以河为界。在这条河上,架有一座石桥,在桥的中间建有一个瞭望哨,里面一般都有一个哨兵驻守。哨兵的主要任务,即是阻止行人过桥。倘若有人从南向北走,哨兵就会将他送回南岸;倘若有人从北向南走,哨兵就会将他送回北岸。哨兵每次离开岗位的时间,至多不会超过 8 分钟。然而,要想通过这座桥,用最快的速度,至少也需 10 分钟。可是,现在却有一个人顺利通过了桥。

请问,这个人是通过什么方式从桥上走过去的?

【妙趣解析】

发现哨兵离开了哨所,这个人马上从北岸上桥向南走,走到 7 分钟的时候,已经走过了哨兵的哨所。这个时候,他又马上转身向北走,走了不到一分钟,哨兵又回来了,他当即叫其回到南岸去,就这样,这个人十分顺利地通过了这座桥。

## 高尔夫

某个城市举办了一场盛大的高尔夫比赛,有一个选手接连打出了很多好球。就在他感觉自己离成功不远准备进行最后一击时,突然发现,高尔夫球滚进了一个纸口袋中,但这个时候不能用手去触碰球,不过用高尔夫球杆击打纸口袋也算是一次进球。那么,有什么办法能解决这一问题呢?

【妙趣解析】

可以用打火机把这个纸袋点燃,当这个纸袋烧成一撮灰,高尔夫球自然也就露出来了。

## 雪中脚印

在惊涛骇浪的海岸边,屹立着一座悬崖峭壁。大雪狂乱地飞舞,没过多久,山顶上就积了一层白茫茫的雪。大雪停下来之后,积雪的地面上,可以清清楚楚地看到有一串脚印,从远处的村庄一直往峭壁走去……没过多久,这串脚印就把警察们吸引了过来。然而经过认真的调查研究,警察们终于揭穿了这一伪造的自杀假象。

请问,这究竟是怎么一回事?

**【妙趣解析】**

这其实是有人出于某种原因而伪造的一个自杀现场。那么,疑犯是如何伪造的呢?他预先制作了一副高跷,可是这副高跷是脚尖朝后的。在即将下雪的时候,他拿着这副高跷走到了峭壁旁边。当雪快要停下来的时候,他就踩着这种自制的高跷,一步一步小心翼翼走回村了。众所周知,脚印之中的脚趾总是和人的前进方向相同,可以看出行走的人是往哪个方向走的,是人行进方向的证据。做这个恶作剧的人,就是利用这一点,做成了一个反常的自杀现场。而解决这个问题的关键就在于识破这一点。

# 树下的尸体

一天早上,在一堵围墙外的大树底下,人们发现了一具尸体。死者的双脚是光着的,脚底板有几条纵向伤痕,从脚趾一直划到脚跟,并且上面还留有血迹。在死者的旁边,摆着一双拖鞋。看到此情景,有人不免这样推断:"死者可能是个盗贼,他想通过爬树进入围墙,可是一不小心,竟然把自己摔死了。"老练的警长听到这句话后,立即反驳道:"不,这个人是被人谋杀后再放到这里的,并非是从树上摔下来的。凶手之所以这样做,就是想制造一个假象,让人以为受害者是不慎摔死的。"

请问,这位警长为什么这么说?

**【妙趣解析】**

死者脚底板的伤痕是从脚趾到脚跟,是纵向的,如果他真是爬树时从树上摔下来的,那么脚底板是不会产生纵向伤痕的。因为在爬树的时候,必须用双脚夹住树干,倘若脚底板被擦伤的话,伤痕也只能是横向的。

## 喇叭

弟弟哈伯过生日,哥哥葛鲁丘在商店买了一个喇叭打算送给他。将喇叭包装好之后,葛鲁丘便把它带到了邮局,准备邮寄给弟弟。但是邮局的职员看过包装后说道:"真不好意思,先生,这个包装有些长了,我们邮局有一条规定,就是任何包装都不可以超过1.2米,而你这个包裹已经长至1.5米了。"没有办法,葛鲁丘只能将这个喇叭带回到当初购买的那个商店。店员拆掉了喇叭上的橡胶球,然而即使这样,这个喇叭依旧有1.35米长。这个时候,葛鲁丘灵机一动,想出了一个解决问题的办法。他请店员用另一种方法将喇叭重新进行包装。当他第二次到邮局时,由于喇叭的包装符合要求,因此可以通过寄出了。需要注意的是,这个喇叭既没有被弯曲,也没有被截断。

请问,葛鲁丘是如何做的?

### 【妙趣解析】

葛鲁丘灵机一动,想出了一个非常巧妙的方法。他请商店的包装师做了一个0.9米宽、1.2米长的大盒子,然后他将喇叭的橡胶球拆掉,接着在盒子的对角线位置放上喇叭(这个对角线的长度为1.5米),如此一来就符合邮局的标准了。

## 国王的奖赏

在古代印度,有一个十分爱玩的国王,然而他什么都玩腻了,于是命令手下的人在全国发布一道公告:倘若有谁能够发明一种变幻无穷的游戏,那么他将会给发明者提出来的任何一种奖赏。有个老人这时刚好发明了国际象棋,于是便来到朝中,向国王进献。国王玩了一回国际象棋,觉得十分有趣,心里非常高兴,于是便问老人,希望得到什么样的奖赏。这个老人回答道:"请按这副棋盘的方格(国际象棋的棋盘格子共有64个方格),在第一个方格中,你奖给我一粒麦子,在第二个方格中则增加一倍,依此类推,直到所有的64个方格全部按要求奖赏麦子。"国王认为这是一桩小事,于是命令属下根据老人的要求奖给他麦子。没有想到的是,下面的人一计算,结果大吃一惊。他们最终发现,这个奖赏是永远也不能得到满足的。因为根据老人的要求,有如下算式:$1+2+2×2+2×2×2+2×2×2×2+2×2×2×2×2+2×2×2×2×2×2+\cdots+2×2×\cdots×2$(最后一项要乘 63 个 2)$= 18446744073709551615$(粒麦子)

倘若把这些麦粒换算成体积,那么则会高达 12 000 亿立方米。这无疑是一个天文数字。国王听完属下的话后,一下子惊呆了。

请问,倘若你是这位国王,你会怎么处理?

**【妙趣解析】**

将粮仓打开,让老人自己一粒一粒地去数。

# 商人的回答

一个商人在路旁卖自制的彩伞,旁边还打一个条幅,上面写着"保不褪色"。很多人看到后都纷纷购买。一个星期后,有一个人怒气冲冲地找上门来,对商人说:"你不是说保证不褪色的吗?你看我买的这把伞,颜色都掉干净了,不行,你赶紧退钱给我,这把伞我不买了。"这时,商人眼珠一转,说了一句话,然后把那人打发走了。请问,商人说了一句什么话?

**【妙趣解析】**

商人说:"你看错了吧,横幅上写的可是'色褪不保'。"

# 三个小丑的角色

约翰、蒂克和罗杰是三个小丑的扮演者,每到春季时,他们都会扮演两个从事不同工作的角色。六个角色分别是:司机、作家、乐器手、高尔夫球手、程序员和理发师。请根据下面的几条线索进行判断。

①司机喜欢高尔夫球手的妹妹;②乐器手和程序员在和约翰滑冰;③司机嘲笑乐器手手脚大;④蒂克从程序员那里得到了一块蛋糕;⑤高尔夫球手从作家那里买了一辆自行车;⑥罗杰吃西瓜要比蒂克和高尔夫球手都要快。

**【妙趣解析】**

约翰扮演了高尔夫球手和理发师,蒂克扮演了乐器手和作家,罗杰扮演了程序员和司机。

## 绳结

有一根绳子悬挂在船的一侧，绳子正好触及水面。这根绳子每20厘米就有一个绳结。在涨潮的时候，水位是以每10分钟上升10厘米的速度上涨的。那么，40分钟之后，绳子将有几个绳结在水下面？

### 【妙趣解析】

当水位上升的时候，船也跟着上浮，因此绳结是不会没入水中的。

## 玻璃杯与硬币

这里有一个让你看上去"不可能完成"的思维游戏。第一步，将1枚1角的硬币置于铺好桌布的桌子上，接着在这枚硬币的两边各放1枚1元硬币，然后在这2枚硬币的中间，放上1个倒置的玻璃杯。放好玻璃杯之后，便可以做游戏了。你必须将那枚1角硬币从玻璃杯底下移出来，然而不可将玻璃杯和那2枚1元硬币移动。并且，你也不能通过别的东西，把1角硬币从玻璃杯下面推出来。

请问，你应该如何做呢？

### 【妙趣解析】

把食指放在桌子上，其方向必须和这枚1角硬币相对。接着，将桌布轻轻地用手指抓动过来。如此一来，硬币就会逐渐朝相反的方向移动，不用多久，他就会从玻璃杯下面"走"出来了。

## 过河

在尼罗河的某个流域内，有一个人想通过这条河流。他来到码头上，对着渡船上的船夫大声地问道："在你们之中，哪一位会游泳？"话音刚落，许多船夫便应声围了上来，只剩下一个人没有围上来。想要过河的人对这个人说道："喂，你的水性好不好？"这个人答道："对不起，我不会游泳。"于是想要过河的人说道："好,我就坐你的船过河!"

请问,过河人为何要坐这条船过河呢?

**【妙趣解析】**

因为人通常都有这样一个惯性,也就是在自己不擅长做的事情方面,往往会更加小心谨慎。

# 蜘蛛的启示

拿破仑作为一个军事家是非常有谋略的。据说在某一年的冬天,拿破仑率领法兰西帝国军队开始向荷兰重镇大举进发。为了有效抵挡拿破仑的大军,荷兰的军队就将所有的水闸打开了,从而使法兰西帝国军队前进的道路全部被大水淹没了。在此情况下,法兰西帝国军队的元帅只得命令所有的士兵往后退。正当大家异常焦急的时候,拿破仑发现旁边有一只蜘蛛正在吐丝,于是他果断地命令部队别再撤退了,就在原地扎营驻守下来。果不其然,两天之后,洪水并没有如想象中那样席卷而来,法兰西帝国的军队在拿破仑的带领下,终于将荷兰的重镇攻了下来。

请问,蜘蛛吐丝给拿破仑带来了什么样的启示?

**【妙趣解析】**

蜘蛛在冬天吐丝,意味着寒潮快要来了。寒潮一来,荷兰军队放出的水就会结成冰,这样一来,大军就可以继续前进了。

# 巨轮失窃案

查理斯拥有一艘巨轮——"魔鬼"号。某日,他把一位业界好友邀请来,一起相聚在"魔鬼"号巨轮上,打算到日本游访一番。正当他们玩得起兴的时候,查理斯的好朋友却大声叫嚷着跑了过来,他说那个装有机密文件的公文包不见了。船上除了他与这个好友,还有 5 名船员。查理斯马上将船上的5 名船员召集了过来,一一进行询问。船长说,刚才他一直待在驾驶舱中,从来没有离开过,有录像带可以证明他的话;技师说他为了保养发动机,一直待在机械仓中,这样发动机才能一直保持恒定的速度,但是没有人能够为他作证;电力工程师告诉查理斯,他刚才为了更换日本国旗,一直待在顶层甲板上,将日本国旗挂上去之后,发现自己居然挂倒了,于是又重新挂了一次,有国旗可以作证;还有两名船员说他们一直待在休息舱中打牌消遣,互相可以作证。查理斯听后,马上指出其中的某个人在说谎,而后便要求他把公文包交了出来。

请问,到底是谁在说谎?

## 【妙趣解析】

电力工程师在说谎。日本国旗的图案是白底加太阳,根本就没有正反的区别,出现挂倒这种事情就更不用说了。因此,电力工程师当时并没有重新挂国旗,他有足够的时间作案。

# 糖和茶杯

将6块糖和3个茶杯放在桌子上,接着必须按照下面的方式,将这6块糖放入茶杯中。要求每个茶杯内的糖是奇数,并且这6块糖必须全部都用上,同时还不能有任何的损坏。

请问,你应该怎样放?

## 【妙趣解析】

将1个糖放入第一个杯子中,将2个糖放入第二个杯子中,将3个糖放入第三个杯子中,接着将第一个杯子或第三个杯子放入第二个杯子中。

# 无色液体

实验课上,老师在一个烧瓶内放入两种透明而又互不相混的无色液体,然后对学生说:"已知其中一种液体为水,可是不知道它是处在哪一层,你们谁可以想出一个简单的办法加以分辨?"

## 【妙趣解析】

再加一点水,看水沉淀到了哪一层,那么水就在哪一层。

## 巧妙反驳

很久以前,古罗马城陷入纷乱之中。这一时期,面对想在乱世称雄的儿子,他的母亲这样劝说道:"倘若你正直的话,就会被大众所背叛;但倘若你不正直,就会被神所遗弃。总而言之,都不会有好下场,你就别强出头了。"这位坚强的儿子听了母亲的话后,不仅没有放弃自己的志向,而且还利用这番话中的盲点,最终说服了自己的母亲。

请问,他是怎样进行反驳的?

【妙趣解析】

儿子说:"倘若我正直的话,就不会被神遗弃;倘若我不正直,就不会被大众所背叛。因此不管怎样,我都不会被遗弃和被背叛的。"

## 最长的手指

擅长弹钢琴的人往往令人羡慕,这不是因为他们的手指有什么特别的缘故。事实上,对于一般人来说,除拇指之外,其他4个手指长度各有不同,其中最短的还是小指。不过,有人说最长的是无名指,而不是中指,这种说法对吗?

【妙趣解析】

无名指的名称是3个字,其他各指的名称是2个字,因此说无名指的名称最长。

## 山脉测量

在同伴面前,约翰说了一件让人感到不可思议的事情。有一个人为了做测量,在一座高山攀爬。当他距离山顶还有100米时,突然绳子被重量拉断了,他也随之滑倒了,等他抓住某个东西爬起来的时候,却发现自己已经安全地抵达山顶了。需要注意的是,这个时候,他并没有得到别人的帮助,也未爬完那100米。

请问,他是怎么到山顶的呢?

## 【妙趣解析】

事实上,他当时是在为海底山脉做测量,是掉到海底山脉的山顶上了。

# 谷底脱险

志豪和志勇通过软梯来到一个深谷下面,打算对谷底的洞穴进行探寻。可是刚到谷底只走了几米,谷底的泉水便大量涌了出来,没过多久,水位就到了腰部,并且仍在不断地上涨。志豪和志勇没想到谷底会发大水,他们既不会游泳,也没有预先带救生用具,只能马上攀软梯出谷。然而,他们所用软梯的负重只有250千克,由于他们的体重都为140千克左右,所以攀下来的时候是一个一个依次下来的。现在,倘若两个人同时攀梯的话,那么一定会把软梯踩断;如果依次先后攀梯而上,因为水势很急,所以在时间上又来不及。你可以帮助志豪和志勇想一个办法安全脱险吗?

## 【妙趣解析】

一个人先攀上软梯,另一个待水齐到颈部时开始攀升。其攀升速度与水涨的速度保持相等,这样水的高度始终在人的颈部。借助水的浮力,软梯就可以负担两个人的重量了。

# 永不消失的字

张震家的隔壁正在建房子,在建筑地以外的地方,隔壁的人将一块很厚的木板竖了起来。事实上,这已经属于违法建筑了。张震看到这种情况之后,心中气愤,于是便用墨汁在纸上写了四个大大的字——违法建筑,并将其贴在了木板上。然而在第二天早上,写有这四个字的纸便被人撕了。于是,张震思考了一下,想出了一个方法,无论隔壁的人再怎么擦,或是用别的办法覆盖,或者挖掉,都无法让字从木板上消失。

请问,张震究竟用的是什么办法?

**【妙趣解析】**

张震从自己家中，用幻灯机的强光把"违法建筑"四个字打到隔壁家的木板上，这么一来，只要这个木板不拿走，无论是用擦，还是覆盖，或是挖掉，都不能让这四个字消失。

# 画师和财主

有个财主的六十大寿快到了，为了在寿宴上炫耀一番，他请了一位画师为自己画一幅肖像，肖像画好之后，财主想占点便宜，于是借口说画师画得不像，而将价钱压得很低。画师与财主争辩了半天，财主仍旧没有加一文钱。画师想了想，随即拿着财主的肖像画走了。然而在次日，财主却主动来到了画师的家里，为了把画买下来，最终还是出了很高的价钱。

请问，画师是用什么办法迫使财主出高价买下了他的画的？

**【妙趣解析】**

画师用笔在财主画像的脖子上添了一个枷锁，大书一个"贼"字，接着拿到大街上去卖。街上的人看到这幅画后，都认出了是财主。于是一传十，十传百，大家纷纷围着画看。财主知道后很生气，然而又没有办法，只好出很高的价钱把画买回家。

# 岔路口

麦德正在举办一个茶会，爱丽丝也在邀请之列。在去茶会的路上，爱丽丝遇到了一个岔路口，她不清楚自己应该走哪条路。所幸的是，半斤与八两哥正在岔路口做事。

爱丽丝说道："瓦勒斯曾经对我说，一条路通往麦德的家，而另一条路则通往魔兽的洞穴，我可不想往那里走。他说你们俩知道正确的那条路应该如何走，然而他也提醒我了一点，就是你们之中的某一个总喜欢说真话，而另一个总喜欢说假话。瓦勒斯还说，我只可以问你们一个问题。"接着，爱丽丝便提出了自己的问题，而不管问他们当中的哪一个，她都可以得到正确的答案。

请问,爱丽丝究竟问了他们什么问题,从而使自己找到了正确的路?

【妙趣解析】

爱丽丝问:"倘若我是昨天问你们'哪条路通往麦德的家?'的话,那么你们的答案是什么呢?"

对于这个问题 ,说实话的那个人仍会说出正确的答案。然而,那个说谎话的人会再次撒谎,但是前一天他也在撒谎,因此,他的谎话在互相抵消后也就可以知道正确的道路了。

# 黄金绳索

古德温爵士是一个十分好奇的人,在一次十字军东征时,他发现了预言中的苏莱曼黄金绳索。这两根绳子之间的距离为0.5米,并且有一端已经固定在他所占领的城堡大厅的拱顶上了,拱顶与地面之间的距离为0.8米。因为时间过于紧迫,且没有梯子,因此古德温爵士无法利用梯子将它们剪下来,于是他只能利用绳子鼓起胆子向上爬,接着用匕首尽量把两根绳子多切掉一些。然而拱顶离地面很高,倘若摔下来将是致命的。

请问,古德温爵士是怎样带走城堡中的那两根黄金绳子的呢?

【妙趣解析】

首先将两根绳子的底端紧紧地系在一起,接着爬到左边那根绳子的顶端,并把这两根绳子缠在自己的两条腿上,在紧紧抓住绳子的同时,用匕首把右边的绳子割断。然后,把绳子从刚才系绳子的环上穿过去,并将绳子往下拽,直到绳结到这个环为止。接着将右边的两根绳子抓住,换到右边,并且将左边的绳子从环上切开,顺着双绳子落在地上。最后,将两根绳子从环上拉下来。

# 第九章

## 数字逻辑思维游戏

　　数字游戏是一种通过寻找和利用数字之间的变化规律来获得答案的智力游戏,对逻辑思维的培养具有积极的作用,被人们誉为"数字体操",在世界上非常普及。面对数字逻辑思维游戏,很多人常常会倍感艰难,以至于望而生畏。事实上,只要掌握正确的方法,这些看似纷繁复杂的数字游戏便可迎刃而解。

## 分吃香蕉

张三、李四两个人出一样多的钱买香蕉,每根2角钱,两个人一共买了12根,当李四吃到第5根香蕉的时候,张三已经将第7根香蕉吃完了。于是张三对李四说:"和我相比,你多吃了两根香蕉,你应该还给我4角钱。"

请问,李四的要求公平吗?为什么?

【妙趣解析】

不公平。其实,按理说每个人各吃6根香蕉,换句话说就是,张三只不过是多吃了一根香蕉,因此只需要给李四2角钱就行了。

## 看脚识动物

小平和妈妈到动物园玩,回到家之后,爸爸问小平在动物园见到了多少动物,小平说自己见到了鸵鸟与斑马,但是只见到了35个头与94条腿。

请问,小平究竟见到了几只鸵鸟与几匹斑马?

【妙趣解析】

小平见到了23只鸵鸟与12匹斑马。

## 四个数字

有4个数字,把它们加起来,其和为50,倘若将第一个数加上4,第二个数减去4,第三个数乘以4,第四个数除以4,那么这四个数的答数就完全一样了。

请问,它们是哪4个数?

【妙趣解析】

4、12、2、32。

## 字母代表的数字

在下面的数学算式中,相同的字母代表相同的数字:

ABCDE×4 = EDCBA

请问,几个字母分别代表什么数?

### 【妙趣解析】

$21978 \times 4 = 87912$

## 111111111 的平方

下面有 3 个算式:

$11^2 = 121$

$111^2 = 12321$

$1111^2 = 1234321$

请你推算出:111111111 的平方是多少?

### 【妙趣解析】

12345678987654321

## 滚动的机器

在两根周长为 0.5 米的圆木上,放有一台机器,机器可以往前滚动,当圆木滚动一圈的时候,机器可以前进多少米?

### 【妙趣解析】

当圆木往前滚动一圈之后,它们可以让重物相对于它们往前移动 0.5 米,而它们相对于地面也往前移动了 0.5 米,因此,总共往前移动了 1 米。

## 计程表上的数字

一辆汽车匀速在公路上行驶,司机看了一眼计程表,发现是两位数,之后他又看了看手表,把时间记了下来。一个小时之后,司机再看一下计程表,依旧是两位数,然而有趣的是,第二次看到的两位数的数字顺序恰好和第一次看到的数字顺序相颠倒。一个小时又过去了,司机再看一下计程表,发现已经变成三位数了,其数字恰好是将一个 0 加在第一次看到的两位数中间。

请问,汽车的速度是千米/时? 三次计程表上的数字分别是多少?

【妙趣解析】

汽车的速度为 45 千米/时,计程表上的数字分别为 16、61、106。

## 限价买书

假期,小明和爸爸一起逛书店。小明看上了 6 本书,每本书的单价分别为:3.1,1.7,2.0,5.3,0.9 和 7.2。然而非常不巧,小明爸爸的身上只带了十几块钱。于是,爸爸建议,让小明从 6 本书中选出若干本,从而令单价相加所得的和最接近 10 元。

你可以帮助小明解决这个问题吗?

【妙趣解析】

$10-0.10=2.00+0.90+7.20$。

$10-0.10=1.70+2.00+5.30+0.90$。

$10+0.10=3.10+1.70+5.30$。

## 学者的年龄

一个数学学者在自己的墓碑上刻上了这样一段话:"路过此地的陌生人,下面是我一生的经历,有兴趣的朋友可以试着算一下我的年龄,我的快乐童年在生命的前 1/7;童年过完之后,我热衷于钻研学问,又花了 1/4 的生命。在此之后,我和一个女人结婚了。婚后第五年,我得了一个儿子,觉得人生如此幸福。然而可惜的是,我的儿子在这个世界上的时光只有我的一半。儿子死去之后,我又在忧伤中生活了 4 年,随之我的一生便结束了。"

根据上述信息,你可以将这位数学学者的年龄计算出来吗?

## 【妙趣解析】

84 岁。我们可以先设数学家的年龄为 x 岁。根据碑文所述,我们很容易就可以列出如下方程:

$x = x/7 + x/4 + 5 + x/2 + 4$

解方程即可解得,$x = 84$。

# 分享美酒

有两个容器,将其分别盛满 8 斤的酒,另外还有一个只能装 3 斤酒的空容器。今有甲、乙、丙、丁 4 人,在没有其他工具的情况下,怎样只用这三个没有刻度的容器使上述 4 人公平地分享到美酒?

## 【妙趣解析】

要想让上述 4 人公平地分享到美酒,步骤有些麻烦,开始三个容器是8/8/0;

(1)8/5/3,将 3 给甲,剩下为 8/5/0;

(2)8/2/3 将 2 给乙,剩下为 8/0/3;

(3)8/3/0;

(4)5/3/3;

(5)5/6/0;

(6)2/6/3;

(7)2/8/1,将 1 给甲,剩下为 2/8/0;

(8)2/5/3;

(9)0/7/3;

(10)3/7/0;

(11)3/4/3;

(12)6/4/0;

(13)6/1/3,将 1 给丙,剩下为 6/0/3;

(14)8/0/1,将 1 给丁,剩下为 8/0/0;

(15)5/0/3;

(16)5/3/0;

(17)2/3/3,将 2 给乙;3 给丙、丁即可。

## 全能儿童

暑假,有关部门在社区做了一项统计:在 100 个儿童里面,有 83 人会骑自行车,有 75 人会游泳,有 10 人两者都不会。请问,有多少人既会骑自行车又会游泳?

【妙趣解析】

至少会骑车或会游泳的有 100−10＝90(人),不会骑车只会游泳的有 90−83＝7(人);所以,在会游泳的 75 个人里面减去只会游泳、不会骑车的 7 人,就是既会骑自行车又会游泳的人,即 75−7＝68(人)。

## 女孩多少个

小本与他的朋友正在一个圆圈中跳舞,圆圈里面的每个人的两旁都是性别相同的人。倘若圆圈里面一共有 12 个男孩,那么女孩又有多少个?

【妙趣解析】

小本的朋友既可以是两个男孩,也可以是两个女孩。倘若她们是女孩,那么每个相邻的也一定是女孩,这样一来,男孩就不会出现了。既然题中已经出现了男孩,那么说明相邻的那两个人也必然是男孩。如此一来,结论就是圆圈中有 12 个男孩,女孩则一个也没有。

## 吉克的农田

农民吉克为了交清自己租赁的一块农田一年的地租,需要支付 80 美元现金以及若干千克的小麦。为此,他心中气闷,碰到人便不停地嘀咕。倘若小麦的价格是每千克 75 美分的话,那么这笔开销就是每英亩 7 美元了。然而现在小麦的市价已经大幅度提高了,涨至每千克 1 美元,因此所付的地租就变成了每英亩 8 美元。吉克认为要付的地租实在是太多了。

请问,这块农田到底有多大?

## 【妙趣解析】

设英亩数为 x,所应支付的小麦千克数为 y,那么根据题意,可以列出如下两个方程:

$(3y/4+80)/x=7$

$(y+80)/x=8$

将此方程组解出,即可得到公斤数为 80 千克,而这块农田的面积则为 20 英亩。

# 赶牛进村

农夫汤姆要把 4 头牛拉到对面的村子里去。4 头牛从这个村子到那个村子,第一头牛需要走 1 个小时,第二头牛需要走 2 个小时,第三头牛需要走 4 个小时,最后一头牛需要走 5 个小时。现在打算一次同时将 2 头牛拉走,回来的时候,还要骑着一头牛,正常时间以两头牛中走得慢的那头所需的时间为准。

请问,将 4 头牛从农夫所在的村子拉到对面的那个村子,至少需要花多少时间?

## 【妙趣解析】

12 个小时。由于计算时间是以走得慢的牛所需的时间为准,因此可以让三牛和四牛同时走,只有这样做可以把时间节省下来;此外,回来的时候,一定要骑走得快的牛。根据这条原则,最好的办法则是:①将第一头牛与第二头牛拉到对村(费时 2 个小时);②骑在第一头牛,回到本村(费时 1 个小时);③将第三头牛与第四头牛拉到对村(费时 5 个小时);④骑在第二头牛上面,回到本村(费时 2 个小时);最后,将第一头牛与第三头牛拉到对村(费时 2 个小时)。

## 采蘑菇

甲、乙、丙、丁四个小朋友为了采蘑菇,一大早就走进了森林。采完蘑菇,他们打算回家去。从森林出来之前,每个人都把自己篮子里面的蘑菇数了一遍,四个人的蘑菇加起来一共有 72 只。可是,甲采的蘑菇只有一半可以吃,在回家的路上,甲将有毒的蘑菇全部都丢在了地上;乙的篮子底出现了一个小洞,不幸漏下两只蘑菇,结果被丙看见了,丙捡起来放进了自己的篮子中。这个时候,甲、乙、丙三个人的蘑菇数刚好一样。而丁在走出森林的路上,又采摘了一些蘑菇,结果他篮子里的蘑菇比先前多了一倍。从森林中走出来之后,甲、乙、丙、丁四个人坐了下来,每个人又各自把自己篮子里的蘑菇数了一遍。这一次,四个人的蘑菇数目居然都一样了。

请问,四个人打算往回走出森林的时候,每个人篮子里面的蘑菇分别是多少? 走出森林之后,每个人又都有多少蘑菇?

### 【妙趣解析】

甲、乙、丙、丁四个人准备走出森林的时候:甲有 32 只;乙的数目+2 = 18(只);丙的数目-2 = 14(只);丁的数目 = 8(只)。从森林走出来之后,甲、乙、丙、丁各有 16 只,一共有 64 只蘑菇。

## 小猴分桃

早上,小猴按早、中、晚三餐将一天要吃的桃依次放在了三个盘子中。小猴反复看了看,感到晚餐太多了,早餐太少了。于是,它从第一个盘子里拿出来 2 个桃,放在了第二个盘子里面,又从第二个盘子里拿出来 3 个桃,放在了第三个盘子里面,再从第三个盘子里面拿出来 5 个桃,放在了第一个盘里面。这个时候,恰好三个盘子里面各有 6 个桃。小猴看了看,满意地笑了起来。

请问,小猴第一次分桃的时候,早、中、晚三餐各分得多少个桃?

### 【妙趣解析】

第一盘子里被拿走 2 个桃子,放进了 5 个桃子,事实上放进了 5-2 = 3 个桃子,最后是 6 个桃子,那么原来有:6-(5-2)=3(个)。第二盘子里被拿走 3 个桃子,放进了 2 个桃子,事实上拿走了 3-2=1 个桃子,最后是 6 个桃子, 那么原来有:6+(3-2)=7(个)。第三盘子里被拿走 5 个桃子,放进了 3 个桃子,事实上拿走了 5-3=2 个桃子,最后是 6 个桃子,原来有:6+(5-3)=8 (个)。小猴第一次分桃的时候,早、中、晚三餐各分得的桃子的个数分别 3 个、7 个、8 个。

## 妙用符号

用 1、9、8、8 这四个数,不改变它们的顺序,只在中间把四则运算符号与小数点加上去,就可以组成 4 个算数式子,使这 4 个算数式子的得数分别为 1、9、8、8。

已知:(1×9)-(8÷8)=8。

**【妙趣解析】**

$0.1+0.9+8-8=1$, $(1×9)+(8-8)=9$, $-1+9-8+8=8$

## 加法与减法

A. 在 1、2、3、4、5、6、7、8、9 之间填上七个加号和一个乘号,使其和等于 100。

B. 在 1、2、3、4、5、6、7、8、9 中插入三个加减号,使其和等于 100。

**【妙趣解析】**

A. $1+2+3+4+5+6+7+8×9=100$

B. $123-45-67+89=100$

## 有多少只羊

甲在草地上赶着一群羊向前走,乙牵着一头肥羊尾随在甲的后面。乙对甲说:"你这群羊应该有 100 只吧?"甲答道:"倘若再有这么一群,再加上半群,然后再加 1/4 群,再将你的一只肥羊凑进来,这样才有 100 只。"

请问,甲原来赶有多少只羊?

## 【妙趣解析】

本题来自于我国明代著名数学家程大位的《算法统宗》。

$(100-1)\div(1+1+1/2+1/4)=36$(只)

# 农夫买家畜

有个农夫买 100 头家畜,总共花了 100 元。已知 1 匹马需要 10 元,1 头猪需要 3 元,1 只羊需要 5 角。

请问,这个农夫各买了多少马、猪、羊?

## 【妙趣解析】

设牛的头数为 x,猪的头数为 y,羊的头数为 z,可以推出如下两个方程式:

$10x+3y+z/2=100$

$x+y+z=100$

为了消去分数,将第一个方程中的各项都乘以 2;为了消去 z,再和第二个方程相减,这样就可以得到下列方程式了:

$19x+5y=100$

x 与 y 可能有哪些整数值? 一种解法是在方程的左边放上系数最小的项:$5y=100-19x$,将两边都除以 5 得到:

$y=(100-19x)/5$

再将 100 和 19x 除以 5,把余数(倘若有的话)与除数 5 写成分数的形式,结果为:

$y=20-3x-4x/5$

非常明显,表达式 $4x/5$ 一定是整数,也就是 x 一定是 5 的倍数。5 的最小倍数是它自身,因此可以得出 y 的值为 1,把 x,y 的值带入任何一个原方程,可得 z 等于 94。倘若 x 为任何比 5 更大的 5 的倍数,那么 y 就会变成负数。因此,这个题目只可能有一个解:马为 5 匹、猪为 1 头、羊为 94 只。

## 击鼠标比赛

美戴尔、尼本和汤米正在玩击鼠标比赛。美戴尔在10秒钟之内可以击10下鼠标;尼本在20秒钟之内可以击20下鼠标;汤米在5秒钟之内可以击5下鼠标。以上三人所用的时间是这样计算的;从开始的第一击,到最后的终结一击。他们是不是可以打成平手? 倘若不会,谁最先将40下鼠标击完?

### 【妙趣解析】

他们不可能打成平手,最先击完40下鼠标的人是尼本。

他们三个人的点击速度是不同的。

美戴尔在10秒钟之内可以击10下鼠标,在点击10下的中间,一共有9次间隔,那么可以推算出每次点击的间隔时间为10/9秒;而在点击40下的中间,一共有39次间隔,那么他点完40下要花的时间为 $10/9 \times 39 = 43.33$ 秒。

尼本在20秒钟之内可以击20下鼠标。在点击20下的中间,一共有19次间隔,那么可以推算出每次点击的间隔时间为20/19秒,而在点击40下的中间,一共有39次间隔,那么他点完40下要花的时间为 $20/19 \times 39 = 41.05$ 秒。

汤米在5秒钟之内可以击5下鼠标。在点击5下的中间,一共有4次间隔,那么可以推算出每次点击的间隔时间为5/4秒,而在点击40下的中间,一共有39次间隔,那么他点完40下要花的时间为 $5/4 \times 39 = 48.75$ 秒。

## 农民的鸡蛋

两个农民来到市场上卖鸡蛋,他们带的鸡蛋一共有100个,有趣的是,他们最后卖得了相同的钱数。第一个农民对第二个农民说:"如果我有和你一样多的鸡蛋,那么我能够换15桶油。"第二个农民则回应道:"如果我有了你那些鸡蛋,那么我只能换6+2/3桶油。"

请问,这两个农民各有多少个鸡蛋?

## 【妙趣解析】

假设第一个农民有鸡蛋 x 个,那么第二个农民则有鸡蛋(100-x)个。第一个农民每个蛋卖 15x/(100-x),因此他一共可以换取 15/(100-x)×x=15/(100-x)桶油。第二个农民每个蛋卖(6+2/3)/x,所以他一共可以换取(6+2/3)/x×(100-x)桶油。因为两个人最后所卖得的钱数目相同,列出等式,便可求得 x=40,所以第一个农民有 40 个蛋,第二个农民有 60 个蛋。

# 最简便的运算

下面这道题如何算才最简便?

$(1-1/4)×(1-1/9)×(1-1/16)×(1-1/25)×(1-1/36)×(1-1/49)×(1-1/64)×(1-1/81)$

## 【妙趣解析】

此题这样算最简便:

$(1-1/4)×(1-1/9)×(1-1/16)×(1-1/25)×(1-1/36)×(1-1/49)×(1-1/64)×(1-1/81)=3/4×8/9×15/26×24/25×35/36×48/49×63/64×80/81$

$=(1×3)/(2×2)×(2×3)/(3×3)×(3×5)/(4×4)×(4×6)/(5×5)×(5×7)/(6×6)×(6×8)/(7×7)×(7×9)/(8×8)×(8×10)/(9×9)$

$=1/2×10/9=5/9$

# 篮中的李子

在古代数学经典《九章算术》中,有一道题目,其大意是这样的:"在一只篮子里面,有若干个李子,第一个人将全部李子的一半又一个取出来给第二个人,又将最后所余的一半又三个李子取出来给第三个人,最后,篮子里面就没有剩余的李子了。请问,篮子里面原有多少个李子?"

## 【妙趣解析】

篮子里子原有李子 30 个。

$3÷1/2=6(个)$

$$(6/1) \div 1/2 = 14 (\uparrow)$$

$$(14+1) \div 1/2 = 30 (\uparrow)$$

## 陶渊明的算术题

陶渊明是我国晋代著名的大文学家,他曾经发明过这样一道数学题:

每只公鸡价值五文钱,每只母鸡价值三文钱,每三只小鸡价值一文钱。现在有 100 文钱,打算买 100 只鸡。请问,在 100 只鸡中,公鸡、母鸡、小鸡各有多少只?

### 【妙趣解析】

我们可以先设公鸡为 x 只,母鸡为 y 只,小鸡为 z 只,由此可以列出一个方程组:

$$5x+3y+\frac{1}{3}z=100$$

$$x+y+z=100$$

由于 x、y、z 必须是正整数,所以有三种可能:

公鸡 4,母鸡 18,小鸡 78;

公鸡 8,母鸡 11,小鸡 81;

公鸡 12,母鸡 4,小鸡 84。

## 鸡兔同笼

在我国古代,流行着一道非常传统的数学题——"鸡兔同笼"。

(1)

鸡兔同笼不知数,

三十六头笼中露,

数清脚共五十双,

各有多少鸡和兔?

(2)

鸡兔同笼不知数,

头数相同已告诉,

知道脚共九十只，

请问多少鸡和兔？

**【妙趣解析】**

(1)鸡22只，兔14只。鸡二脚，兔四脚，如果36只全是鸡，那么还少了14双脚；当一只兔子被当作鸡算的时候，结果就会少一对，因此兔子应该为14只，鸡应该为36-14=22(只)。

(2)鸡15只，兔15只。由于鸡兔数目是一样的，因此可以将鸡与兔编成组，从而让每组各有一只鸡和一只兔，这样一来，每一组各6只脚，总共有90只脚，应该有90/6=15(组)，因此，鸡和兔皆为15只。

# 韩信的士兵

韩信有一支军队，这支军队在千人以上、万人以下。有一次韩信在点兵的时候发现，倘若每行有3个人，那么就会有2个人多出来；倘若每行有5个人，那么就会有4个人多出来；倘若每行有7个人，那么就会有6个人多出来；倘若每行9个人，那么就会有8个人多出来；倘若每行有11个人，这个时候就不会有余数了。

请问，韩信总共有多少个兵？

**【妙趣解析】**

2519个士兵。

先将5、7、9的最小公倍数求出来，经计算为315。接着再取315的倍数，3，4，5……再减去1，可以被11整除的就是军队人数，即：315×8-1=2519(人)。

2519÷3=839，还有2个人剩下来；

2519÷5=503，还有4个人剩下来；

2519÷7=359，还有6个人剩下来；

2519÷9=279，还有8个人剩下来；

2519÷11=229，刚好被整除。

## 美丽的数字

找规律,填结果。

88×99 =

888×999 =

6666×9999 =

66666×99999 =

666666×999999 =

5555555×9999999 =

555555×999999 =

55555×99999 =

4444×9999 =

444×999 =

33×99 =

3×9 =

## 【妙趣解析】

88×99 = 8712

888×999 = 887112

6666×9999 = 66653334

66666×99999 = 6666533334

666666×999999 = 666665333334

5555555×9999999 = 55555544444445

555555×999999 = 555554444445

55555×99999 = 5555444445

4444×9999 = 44435556

444×999 = 443556

33×99 = 3267

3×9 = 27

## 单词游戏

请将下面这句话读一下：

Finished files are the result of years of scientific study combined with the experience of years.（这些完成了的文件是多年来科学研究与经验积累的成果。）

现在，请把这句话再读一遍，读这遍的时候，数一数其中一共出现了多少个"f"？

### 【妙趣解析】

这是一个非常经典的游戏。我们在这里给出的版本是彼得·加伯尔的。事实上，一共有 6 个 f。"of"中的 f 常常会被人们忽略掉。

## 七边形谜题

杜登尼在数学上是一个天才，他曾提出一个七边形谜题，这个谜题极为难解。所谓七边形谜题，就是在七边形的七条边上填入 1 至 14 的数字（不可重复），从而让每边的三个数字之和等于 26。

### 【妙趣解析】

$26 \times 7 = 1821 + 2 + 3 + \cdots + 14 = 15 \times 14 \div 2 = 105$

$182 - 105 = 77$

所以角上的 7 个数字之和是 77

$77 = 11 \times 7$

$10 + 12 = 22$

$9 + 13 = 22$

$8 + 14 = 22$

再加上 11，一共 7 个，和是 77

所以角上的 7 个数为：8 ~ 14

$26 - 1 = 25 = 14 + 11 = 13 + 12$

$26 - 2 = 24 = 14 + 10 = 13 + 11$

$$26-3 = 23 = 14+9 = 13+10 = 12+11$$
$$26-4 = 22 = 14+8 = 13+9 = 12+10$$
$$26-5 = 21 = 13+8 = 12+9 = 11+10$$
$$26-6 = 20 = 12+8 = 11+9$$
$$26-7 = 19 = 11+8 = 10+9$$

$(11) + 7 + (8) + 6 + (12) + 5 + (9) + 4 + (13) + 3 + (10) + 2 + (14) + 1 + (11)$ 或者 $(10) + 7 + (9) + 5 + (12) + 6 + (8) + 4 + (14) + 1 + (11) + 2 + (13) + 3 + (10)$

注意,括号中的数表示的是角上的数。

## 移动的部队

有一个移动的部队,这个队伍长约100米,宣传员为了向他们做宣传,从排尾走至排头,又从排头走至排尾。在这段时间内,这支队伍刚好行进了100米。如果队伍的速度与宣传员的速度都保持不变,那么宣传员在这期间究竟走了多少米?

### 【妙趣解析】

我们可以先设宣传员从排尾抵达排头时走了 a 米,设队伍和宣传员的速率比为 m,这个时候队伍前进的距离是$(a-100)$米

可以推出:$a/m = a-100$

设宣传员从排头返回排尾时又走了 b 米,这个时候,队伍也前进了$(100-b)$米

可以推出:$b/m = 100-b$。

又因为队伍在此期间一共前进了100米,所以宣传员往返一共走了$(a+b)$米

可以推出:$(a+b)/m = 100$

解以上三元一次方程组,得:$m = (1+\sqrt{2})$

$a+b = 100m = 100(1+\sqrt{2})$米

## 晚间聚会

汤姆总共有9个非常相熟的朋友,分别是凯特、大卫、露茜、艾米莉、简、西奥、玛莉、詹姆士、约翰。在接下去的9个星期六里面,汤姆想邀请他们一起吃晚饭,每次只请3个人,为了让这9个朋友在自己家吃晚饭时两个人之间只碰一次面,汤姆应该以哪种方法来安排邀请?

## 【妙趣解析】

要想将这个问题解决,你必须将9个朋友的可能组合的数目求出来。如果非用数学语言来表达的话,那么这个问题包含一个"九阶的斯坦纳三倍数系统"。但是我们可以用更简单的话来说,对于任意给定的朋友,至少要请4顿晚餐,才可以见到全部9个人。

第1天——凯特、大卫、露茜

第2天——艾米莉、简、西奥

第3天——玛莉、詹姆士、约翰

第4天——凯特、艾米莉、玛莉

第5天——大卫、简、詹姆士

第6天——露茜、西奥、约翰

第7天——凯特、简、约翰

第8天——露茜、简、玛莉

第9天——大卫、西奥、玛莉

## 速算 24

速算24是一种世界上流传非常广泛的游戏。这种游戏不光4个人可以玩,2个人,甚至1个人也都可以玩。最常见的一种玩法是:每次将4张牌抽出来,通过加、减、乘、除四种运算符号,并且可以使用括号,不重不漏地将4张牌的4个点数各使用一次,组构一个表达式,令其结果全部都等于24。

之所以选择24这个数,是有着深刻道理的。在1~29这29个数字中,只有24的公约数最多,一共有8个,分别为1、2、3、4、6、8、12、24,这样就可以让4张牌的4个数形成24的可能性大一些。

通常而言,乘法是最快捷、最容易让人马上想到的,比如3×8、4×6、12×2等;其次则是简单的加法,比如14+10、20+4、21+3等。在速算24游戏中,上述这些方法都是最简洁、最常用的。对下列数字组合进行观察,将上述方法尝试一下,希望你可以完成这组游戏。

(1)3、3、6、6

(2)6、8、7、9

(3)1、1、2、10

(4)7、8、10、10

(5)4、3、10、10

(6)7、3、1、2

【妙趣解析】

(1)$(6÷3+6)×3=24$

(2)$8÷(9-7)×6=24$

(3)$(10+2)×(1+1)=24$

(4)$(10-8)×7+10=24$

(5)$3×10-10+4=24$

(6)$3×7+2+1=24$

# 数轴

为了达到便于计算的目的,古代数学应运而生,所以在引入现代数学体系之前,在日常生活中,就已经有各种各样形式的计算了。

古埃及时代,人们发现了一种十进制:10,100,1000,10000,100000 和 1000000,然而它却没有“位”的概念,并且也没有0的概念。

在5000年之前,算盘终于出现了。这是一种相对原始可是十分有效的计算器。算盘可以说是一个数学玩具,直至今天,仍在使用。算盘既简单又有效,是少有的实惠发明之一,所以它在从一种文明传递到另一种文明的过程中,一直都没有发生变化。早在数字0还没有出现之前,算盘就已经学会用一个空栏来代替它的计算了。

古希腊人用字母表上的全部字母来代表数字。古罗马人的计算系统和古希腊人基本相似,只是他们是用几个特定的字母及字母组合来代表数字的。大约在公元前 200 年,0 这个数字在历史上第一次出现了,当时它被刻在古巴比伦的一块陶板上。而有理数(包括分数)则出现得比较早,在公元前 1500 年的古埃及的《莱茵德纸草书》中就已经有了。之后,毕达哥拉斯学派在公元 6 世纪发明了一个数,它无法被归类到任何一种已知的数中。这个数的发现也就相当于证实了正方形的对角线是无法测量的。

直到今天,这个问题仍旧没有得到解决:人类所发现的第一个无理数到底是 $\sqrt{2}$(根据毕达哥拉斯定理,等于直角边均为 1 的三角形的斜边),还是 $\pi$(圆周率)?

负数直到 1545 年才全部进入数学体系,其标志是意大利数学家卡尔达诺《大衍术》的发表。

印度人在公元后的前几个世纪就发明了"位"的概念,他们用 10 个符号来分别表示 0 和前 9 个自然数。尽管这个系统十分先进,但是直到 13 世纪,它才通过阿拉伯人传到了西欧,而它的被采用又经过了几个世纪。

请问,是否所有的实数都可以在数轴上表示呢?

【妙趣解析】

数轴是这样的一条直线,它上面没有任何间隙或者空白。它包含所有的实数,即所有的有理数和无理数都可以在数轴上找到它们的位置。

## 拖拉机站

楚蜉是一个会计,他让 4 个孩子每人随便想个四位数。然后,楚蜉对孩子们说道:"把数字的第 1 位数挪到最后一位上,接着将这个数和原数加起来,如,1234+2341=3575。你们都将相加之后的结果告诉我。"

老大说:"8621。"

老二说:"4322。"

老三说:"9867。"

老四说:"13859。"

楚蜉听后,严厉地说道:"除了老三之外,你们其余几个都算错了。"

请问,楚蜉是如何知道的呢?

【妙趣解析】

任意一个四位数都可以写成：$1000a+100b+10c+d$

把第一位转换到最后：$1000b+100c+10d+a$

两式之和为：$1001a+1100b+110c+11d$

非常明显，这个方程式可以被 11 整除，而 4 个孩子的答案中只有老三说的数可以被 11 整除。

## 铅弹的体积

一队建渠人需要一块某种尺寸的铅板，然而铅已经用完了。他们决定熔化一些铅弹，然后铸成铅板。可是，他们首先得对铅弹的体积进行测量。有人说给所有的铅弹称重，接着再除以铅的体重，然而没有一个人记得铅的比重是多少。有人说把铅弹倒入容量为 5 升的罐子中，然而是铅弹无法被压缩整合成一整块放入罐子中。有人建议测量一个铅弹的球体数据，接着就用球体积公式进行计算，最后再乘以铅弹的数目。然而这种方法实在太费时间了，并且铅弹的大小各不相同。

请问，你有什么好办法吗？

【妙趣解析】

将铅弹放入罐子中，接着往罐子中加满水，水会将各个铅弹之间的间隙占满。将铅弹拿出来，对罐子中水的体积进行计算，接着用罐子的体积减去水的体积，就可以将铅弹的体积求出来了。

## 拖拉机站

镇上有 3 家拖拉机站，第一家站借给第二家站和第三家站的拖拉机数目刚好和它们各自拥有的拖拉机数目相等。几个月之后，第二家站借给第一家站和第三家站的拖拉机数目与它们各自拥有的拖拉机数目相等。又过了一段时间，第三家站借给第一家站和第二家站的拖拉机数目与这两家站各自拥有的拖拉机数目相等。最后，3 家站都有 24 台拖拉机。

请问，原来这些站各有多少台拖拉机？

## 【妙趣解析】

这个问题可以通过递推法来解决：

| 第一家 | | 第二家 | | 第三家 | |
|---|---|---|---|---|---|
| 24 | + | 24 | + | 24 | =72 |
| 12 | + | 12 | + | 48 | =72 |
| 6 | + | 42 | + | 24 | =72 |
| 39 | + | 21 | + | 12 | =72 |

可以推出：第一家站原来有39台拖拉机，第二家站原来有21台拖拉机，第三家站原来有12台拖拉机。

# 阿基米德定律

公元前287年，在地中海西西里岛的叙拉古，古希腊著名的数学家和物理学家阿基米德诞生了。

阿基米德的父亲也是一位天文学家和数学家，从很小的时候，阿基米德就深受父亲的影响，尤其喜欢数学。11岁的时候，阿基米德来到了尼罗河畔的亚历山大城学习，这是当时最著名的文化中心。在这段时期，为了解决利用尼罗河水灌溉的问题，他发明了有名的阿基米德螺旋（螺旋扬水器）。回到叙拉古城之后，他继续研究数学和物理学方面的难题。

在阿基米德的一生中，有很多的发现和发明，其中最著名的当数浮力定律，也就是阿基米德定律。关于这个定律，在历史上还流传着一个令人深思的故事。

亥尼洛国王命工匠做了一顶金王冠。做好之后，他又怀疑工匠将一部分金子用银子替代了，于是命令阿基米德鉴定它是不是纯金制的，前提是不能损坏王冠。阿基米德面对着这顶王冠，苦苦思索了一整天，某日，阿基米德在浴室里面洗澡，他进到浴桶中，当身子浸入浴桶的时候，一部分水就从桶边溢了出来。这个现象让阿基米德的头脑中闪过了一道闪电，"我找到了！"阿基米德大呼道，竟忘记了自己还裸露着身子，他从浴桶中一跃而出，忘乎所以地奔向街头，狂呼道："攸勒加，攸勒加（找到了）！"就在这一欢呼声中，流体静力学正式诞生了。

要测量一个物体的密度大小，可以把它放入一个盛满水的容器中，用它排出的水量来计算。这个物体所排出的水的重量,我们称之为该物体的浮力。而该物体的重量与它所排出的重量之比,我们称之为该物体的比重。

第一步:找一块与王冠重量相等的金块;

第二步:把王冠和金块分别浸入一个盛满水的容器中,然后分别计算它们所排出的水的体积。

请问,阿基米德这个实验的结论是什么?

**【妙趣解析】**

倘若金块与王冠所排出的水的体积相等,那么就说明王冠是纯金的。然而当时这个实验的结果并非如此,相反,王冠排出的水的体积更大。这说明王冠并不是纯金的,因此王冠的体积才会比金块的体积大。

除了这个发现,阿基米德在其他的领域也有很大的作为。他发现了每个浸在水中的物体都受到一个水对它的向上的作用力(也就是说,物体变轻了),这称之为浮力,而物体的浮力等于该物体排出的水的重量,由此而出现了流体静力学。

在阿基米德之后,这个方法被很多人用来鉴别金属、珠宝以及测量物体的密度。另外,根据阿基米德定律,物体的质量与该物体等体积的水的质量之比,我们称之为该物体的比重。即:比重=物体的质量/等体积的水的质量。

# 四个“4”

马丁·加德纳曾经把下述游戏收进了他的《数学游戏》专栏中。

游戏的规则是把数字 4 使用 4 次,通过简单的加减乘除,展开尽可能多的数,可以使用括号。

例如:

$1 = 44/44$

$2 = 4/4 + 4/4$

$3 =$

$4 =$

$5 =$

$6 =$

7 =

8 =

9 =

10 =

…… ……

## 【妙趣解析】

20 以内,唯一不能被这样展开的数是 19。倘若可以用阶乘的话,也能够将其展开(4! =1×2×3×4),19 可以被写成 4! –4–(4/4)。

$1 = 44/44$

$2 = 4/4 + 4/4$

$3 = (4+4+4)/4$

$4 = 4(4-4)+4$

$5 = [(4×4)+4]/4$

$6 = 4 + [(4×4)/4]$

$7 = 4+4-(4/4)$

$8 = 4+4+4-4$

$9 = 4+4+(4/4)$

$10 = (44-4)/4$

…… ……

# 分甜饼

小阿里阿德涅正烦着呢! 今天早上,小阿里阿德涅收到了妈妈亲手做的一包新鲜小甜饼。当她把礼物打开的时候,她的 4 个朋友刚好来到了她的宿舍,她们提醒小阿里阿德涅,前面几次她们带的小甜饼也曾与她一起分享过,现在也该她回敬了。小阿里阿德涅很不情愿地将其中的一半以及半个甜饼分给了自己的朋友劳拉;接着又将剩下的一半甜饼以及半个甜饼分给了另一个朋友梅尔瓦;然后,她又将剩下的一半甜饼以及半个甜饼分给了朋友罗伦;最后,她又将盒子里剩下的一半甜饼以及半个甜饼分给了朋友玛戈特。这样一来,盒子里面的甜饼全部都被分了出去,可怜的小阿里阿德涅真是伤心到了极点。

请问,盒子里面原本有多少小甜饼? 需要说明的是,在分甜饼的过程中,小阿里阿德涅自始至终都没有将盒子中的甜饼切成或者掰成两半。

**【妙趣解析】**

事实上,小阿里阿德涅总共收到了 15 块小甜饼。劳拉得到了 7.5+0.5,也就是 8 块甜饼。这个时候还剩下 7 块甜饼;梅尔瓦得到了 3.5+.0.5,也就是 4 块甜饼,这个时候还剩下 3 块甜饼;罗伦得到了 1.5+0.5,也就是 2 块甜饼,这个时候还剩下 1 块甜饼;玛戈特得到了 0.5+0.5,也就是 1 块甜饼,而小阿里阿德涅则 1 块甜饼也没有得到。

## 黑点上的硬币

在一块盾牌的周围有 12 个黑点,按照下面的规则,把 11 枚硬币放在 11 个黑点上。可以从任何一点开始,接连数 6 个点,然后将一枚硬币放在第六个点上。总是按照顺时针方向进行,从另外一个空点开始,绕圆圈计数,并把另外一枚硬币放在一个空点上。依此类推,直到将全部的硬币都放在不同的点上。计数的时候,把放有硬币的点看作是空点,并且将这个点计算在内。需要注意的是,你必须总是从一个空点开始计数。

**【妙趣解析】**

从任何一个点开始,数 6 个点,把 1 枚硬币放在第六个点。将你开始记数的那个点记住,也就是你放第二枚硬币的地方。从那个可以数到第一个点的点开始计数,把第三枚硬币放在可以数到第二格硬币开始的点。依此类推,把余下的硬币放在各自的点上。

## 硬币的面值

将一枚面值为偶数(比如,一枚 2 分硬币)递给你的朋友,再将一枚面值为奇数(比如,一枚 5 分硬币)的硬币交给他。让他每只手都握一枚硬币。让他把右手中的硬币的面值乘以 3,左手中的硬币面值乘以 2,接着将得到的 2 个数加起来。倘若得到的和是偶数,那么面值为偶数的硬币在他的右手中;倘若是奇数,那么面值为偶数的硬币在他的左手中。

请问,这究竟是什么原因?

## 【妙趣解析】

如果偶数面值硬币在左手,则:

右手(×3),即奇数×3 = 奇数

左手(×2),即偶数×2 = 偶数

和:奇数+偶数 = 奇数

如果偶数面值的右手,则:

偶数×3 = 偶数

奇数×2 = 偶数

和:偶数+偶数 = 偶数

倘若乘以 3 和 2 以外的其他奇数与偶数,这个小陷阱仍然成立。

# 正方形地毯

地毯商阿布杜近日遇到了一个大麻烦。在太阳落山之前,他必须把一个边长 10 米的正方形地毯交给一个非常富有的客户。他在仓库里找出一个长 12 米宽 9 米的地毯,他打算用这个地毯来做客户所要的地毯。然而,当他把这个地毯展开的时候,却发现中间已经被剪掉了一块,被剪掉的部分长 8 米宽 1 米。但是,老练的阿布杜却很快想出了一个解决问题的办法,他将剩下的地毯剪成了两块,接着再缝在一起,这样便做出一个一整块边长为 10 米的正方形地毯。

请问,阿布杜是如何做到的呢?

## 【妙趣解析】

他先沿着两条相同的虚线把地毯剪开,接着再将上半部分的地毯向左下方移动,这样,就正好可以与下半部分的地毯合并在一起了,最后再将它们缝合成一个完整的正方形地毯。

## 哪家公司薪水高

单从招聘启事来看,玫瑰公司和紫罗兰公司的待遇在很多方面都是一

样的,只在以下两项略有不同:

玫瑰公司:a. 半年工资 50 万元;b. 工资每半年增加 5 万元。

紫罗兰公司:a. 年工资 100 万元;b. 工资每年增加 20 万元。

在这两家公司中,琼斯先生想到待遇比较优厚的公司工作,所以,他将会选择哪家公司? 去该公司工作,将比他去另一家公司每年多收入多少元?

### 【妙趣解析】

琼斯先生应该选择玫瑰公司,去这家公司就职,将比去紫罗兰公司每年多收入 5 万元。事实上,只要将两个公司每年的收入都计算出来,便可以一清二楚了。

第一年:玫瑰公司:50 万元+55 万元=105 万元;紫罗兰公司:100 万元。

第二年:玫瑰公司:60 万元+65 万元=125 万元;紫罗兰公司:120 万元。

第三年:玫瑰公司:70 万元+75 万元=145 万元;紫罗兰公司:140 万元。

下面的都可以依此类推。由此可知,到玫瑰公司工作,每年都可以多收入 5 万元。


## 钓鱼分成

有 5 个男孩,我们分别以 A、B、C、D、E 表示。某一天,他们一起出去钓鱼,A 和 B 一共钓到了 14 条鱼,B 和 C 一共钓到了 20 条鱼,C 和 D 一共钓到了 18 条,D 和 E 一共钓到了 12 条,而 A 和 E 两人各自钓到了相同数目的鱼。

为了合理瓜分他们的战利品,5 个孩子采取了下面的办法:C 将他钓到的鱼与 B、D 两人钓到的鱼合在了一起,之后 3 个人各取三分之一。其余的孩子也做了一样的事,说明白点就是,每个孩子都和他的左、右两位伙伴将他们钓到的鱼合在了一起,分成数目相同的三份,然后 3 个人各取一份。D 与 C、E 联合,E 与 D、A 联合,A 与 E、B 联合,B 与 A、C 联合。让人惊奇的是,经过这 5 次的联合后再分配,每次都可以分成数目相同的 3 等份,从来都没有将一条鱼再分割成分数。整个瓜分进程结束之后,5 个孩子的手上都分到了相同数目的鱼。

请问,瓜分之前,每个孩子各自钓到了多少条鱼?

## 【妙趣解析】

从表面上来看,由于 A 可能钓到 0~11 条鱼,而其他人钓到的鱼可以据此推算出来,所以每个人钓到的鱼好像可以是 33 条至 43 条之间的任一数目。然而,由于最后每个男孩的手上分到的鱼数目相同,因此总数一定是 35 或 40。倘若试一下后者,我们就会发现,它能够满足全部的条件。这样一来,就可以求得 A 钓到了 8 条鱼,B 钓到了 6 条鱼,C 钓到了 14 条,D 钓到了 4 条,E 钓到了 8 条。在 B、C、D 三人将他们各自钓到的鱼混在一起之后,再分成数目相同的 3 等份,每个人可以分到 8 条鱼。之后,无论他们如何混在一起分鱼,每个人分到的总是 8 条鱼。

# 在市场

小艾与小贝是邻居,每天在市场上,都可以看到她们卖小鸡的身影。小贝每天卖 30 只小鸡,每 2 只卖 1 元,一共能够卖得 15 元。小艾每天也卖 30 只,每 3 只卖 1 元,一共能够卖得 10 元。有一天小艾生病了,于是请小贝帮她卖 30 只小鸡。这样一来,小贝去市场的时候,一共带了 60 只小鸡。小贝决定每 5 只卖 2 元,一共可以卖得 24 元。结果,和两个人分别卖的时候所得的钱相比,这样卖要少 1 元。

请问,这里面究竟是怎么回事?

## 【妙趣解析】

倘若根据正常计算,小艾和小贝分别会卖得 15 元和 10 元,总共为 25 元。当小贝带 60 只小鸡到市场上后,在每 5 只小鸡中,有 2 只是自己的,3 只是小艾的,这样直到卖完小艾的小鸡;然后,小贝开始卖自己剩下的 10 只小鸡。根据道理来说,小艾自己的 5 只小鸡的价钱应为 2.5 元,然而在最后两笔交易中,她每次都损失了 5 角。因此,最后还是少了 1 元。

# 第十章

## 博弈逻辑思维游戏

博弈是一种策略的相互依存状况,你的选择会得到什么结果,取决于另一个或者另一群有目的的行动者的选择。人生是永不停息的博弈过程。游戏是人生的抽象,我们可以在博弈思维游戏中学会如何生活、如何与他人相处、如何适应并利用世界上的种种规则,并在这个过程中确立自己的人格。

## 苏格拉底的自救

苏格拉底是古希腊伟大的哲学家,他认为有知识的人,才具有美德,才可以治理国家。苏格拉底公开反对智者流派,而智者流派和奴隶主民主派有着非常密切的关系,所以苏格拉底被指控传播异说、毒害青年,最后被法庭判以死刑。法官佩服苏格拉底的思想和才华,想拖延他的刑期。他为苏格拉底准备了两瓶酒,一瓶是美酒,另一瓶却是毒酒,两瓶酒在外观上毫无差别。随后便叫两个狱吏分别拿着,他们也清楚自己手中拿的到底是什么酒。

法官对苏格拉底说:"人们都把你叫作智圣,我想试探一下你是不是真的很有本事。现在你可以向面前的两个狱吏提问,其中一个狱吏说的是真话,另一个狱吏说的是假话,你应该如何问才可以喝到美酒?"

请问,苏格拉底应该怎么问呢?

【妙趣解析】

苏格拉底问甲狱吏:"请问乙狱吏将怎样回答他手中拿的是美酒还是毒酒?"甲说乙拿毒酒,则一定为美酒。因为如果说真话,那么乙说的就是假话;乙说自己拿毒酒,则一定为毒酒,甲如实转述。如果甲说假话,那么乙说的就是真话;乙说自己拿美酒,那么他一定拿毒酒。同样一个道理,甲说乙拿美酒,则一定拿毒酒。依靠逻辑思维的力量,苏格拉底得以救了自己。

## 租房子

有一户人家打算搬到城里去,于是开始寻找房子。

全家一共有 3 口人,夫妻两个,外加一个 5 岁的孩子。他们在城里面跑了一天,直到日落时分,才发现了一张出租公寓的广告。他们马上跑过去,看到房子的外面,他们心里很满意。于是,他们便前去敲门询问。这个时候,一个温和的房东出来了,他从上到下对这三位客人打量了一番。丈夫壮着胆问道:"你们这里出租房屋吗?"

房东听后,十分遗憾地说:"非常对不起,我们公寓招的住户不准有孩子。"

丈夫与妻子一听,一时之间不知道该怎样才好,于是,他们只好默默地离去了。事情的经过从头到尾都被那个5岁的孩子看在眼中,他沉思了一会儿之后便独自去敲房东的大门。

这个时候,丈夫与妻子已经走出了5米多远,他们发现孩子又回去了,于是转头望着。门开了,房东走了出来,孩子理直气壮地说:……

房东听了之后,哈哈大笑起来,最后还是决定将房子租给他们住。

请问,这位5岁的小孩子到底说了什么话,才终于将房东说服了?

### 【妙趣解析】

倘若让孩子的父母出面解决这个问题,一般有三个解决方案:①出高价;②苦苦求情;③声称自己的孩子十分听话。可是,这三个方案也许都无法解决问题。孩子考虑的焦点,就是将父母带孩子,转为孩子带父母,这样就可以解决问题了。事实上,5岁的孩子对房东是这样说的:"老爷爷,我打算租这个房子。我没有带孩子来,我只带了两个大人。"

## 精明的对策

"二战"期间,日本海军打算在中途岛和美国海军进行决战,把美军驱逐出太平洋,同时还拟订了详细的作战计划。然而,日军的密码被美军情报机关截获并破译了,接着,美军便制订了针锋相对的行动计划,企图歼灭日本海军。美日双方的海军都在紧锣密鼓地进行着战争部署,然而就在这个时候,不知道通过什么途径,美国海军的行动计划被美国芝加哥的一家报纸获取了,并将它作为秘密的独家新闻,大版面刊发在了报纸上。美国情报机关与日本情报机关看到报纸上的独家新闻后,都大吃了一惊,随后,马上将这一情报报告给了各自的首脑。

罗斯福看到报纸,也吃惊不小,这样严重的泄密造成的损失将是不可估量的。然而,罗斯福在惊诧之余又马上冷静了下来,他认为,倘若兴师问罪于这家报纸,那么一定会惊动日本人,日本人就会立刻将中途岛的作战计划取消掉。更为重要的是,日本人会更加警觉起来,并且怀疑到自己所使用"密码"的可靠性。如果日本人将他们的"密码"更新的话,那么美国情报机关又只好从头来过……

为了使对方不敢盲目行事,罗斯福采取了一个精明的对策,从而使己方安然渡过了这次难关。请问,罗斯福究竟采取了什么对策?

【妙趣解析】

听之任之,故装"不知",这就是罗斯福采取的对策。这样一来,日军便无法从敌国首脑的反应观察美国是不是真的得到情报密码了。这个时候,罗斯福假装"糊涂",日军首脑就会真"糊涂"起来了,他们会认为美国人是在诈诈,事实上,对于日本的密码,他们根本就没有成功破译出来。所以,日军不仅不会终止中途岛大战的计划,而且也不会更换密码。

中途岛一战,日本海军终于撞进了美军精心设计的陷阱中,其损失甚为惨重。中途岛大战之后,日本海军在海上的优势永远性地失去了。罗斯福总统大智若愚,处变不惊,海上作战的主动权从此掌握在了美国海军的手上。

# 轮盘赌局

轮盘赌局已经到了决定胜负的关键时刻。现在,木材商怀特先生占第一位,他十分幸运地赢了 700 个金币。沙文小姐占第二位,稍稍落后于怀特先生,她赢了 500 个金币。其他的人都输了,而且都已经输了很多,因此在这最后一局,就只剩下怀特先生与沙文小姐两个人一决雌雄了。怀特先生仍在犹豫着,到底是把手上筹码的部分押在"奇数"上还是压在"偶数"上呢?倘若赢了的话,那么他的赌金就会翻一倍,也就是变成现在的两倍。另一边,沙文小姐已经将全部的筹码都押在了"3 的倍数"上,倘若赢了的话,那么她的赌金就会翻 2 倍,也就是变成现在的 3 倍。假如真是如此幸运,那么沙文小姐就可以转败为胜了。

请问,怀特先生究竟应该如何下注才好呢?

【妙趣解析】

和沙文小姐一样,在"3 的倍数"上押 500 个金币就可以了。基本上只要跟沙文小姐用同样的方法下注就能够赢。倘若沙文小姐输了的话,那就更不会对名次造成影响了。其实,怀特先生只要押 401 个金币,赢的话金币就会在 1502 个以上,依旧是第一名。

## 国王的奖赏

一时间,苏丹国王不知是何缘故变得闷闷不乐,发起脾气来,对宫里的人不是打就是骂。大臣都急得团团转,想找一个人来为国王宽心解闷。虽然卡拉高兹只是一个穷人,可是在为人上却非常的机智幽默、善解人意,群臣经过商量,决定将此人引见给国王。

国王见到卡拉高兹,便问道:"你有什么学问与本领,居然能够见我?"

卡拉高兹回道:"我想陛下应该听说过,我是全世界最有名的撒谎专家。"

国王说:"我没听说过,你就是世界上最会撒谎的人! 好,如果你可以向我撒一个弥天大谎,并让我相信了,那么我就赏给你100个金币。"

"那好,陛下认真听着。"卡拉高兹接着说道:"20年前的一个晚上,你的父亲与我的父亲以及其他一些朋友坐在一起打牌。你的父亲输光了自己手头上的钱,于是在我的父亲那里借了100个金币。然而让人遗憾的是,他们两个人都先后去世了,但你父亲借的这笔钱,却一直没有还给我父亲。"

"你撒谎! 这真是弥天大谎! 谁相信你这套鬼话!"国王一听,顿时暴跳起来。但当国王冷静下来时,又不得不给卡拉高兹100金币。

请问,卡拉高兹是依靠什么智慧得到了国王的奖赏?

### 【妙趣解析】

卡拉高兹真是一个聪明人,他说的那番话不管是真的还是假的,国王都要给他100个金币。倘若国王不相信这是谎言,那就父债子偿;倘若相信这是谎言,因为有言在先,还是要给卡拉高兹100个金币。

## 救命的话语

很久以前,有一个国王,他想处死一个囚犯,并打算让囚犯自己在砍头和绞刑之间做出选择。选择的方法是这样的:囚犯可以任意说一句话来,并且一定要能够判断出这句话的真假,倘若是真话,那么就处以绞刑,倘若是假话,那么就处以砍头。这个囚犯是一个非常聪明的人,他走到国王面前,问道:"倘若我说出了一句话,你们既不可以绞死我,也不可以砍我的头,那么又应该怎么办呢?"国王不信有这样的话,于是说道:"倘若真是那样的话,那么我就把你放了。"最后,那个囚犯说出了一句话,果真非常巧妙。国王听后,左右为难,然而又不好意思食言,只能将囚犯放了。

请问,这个聪明的囚犯到底是怎么说的?

**【妙趣解析】**

囚犯说的那句话是:你一定砍死我。国王一听,便左右为难起来。因为倘若真的砍了他的头,那么他说的就是真话了,而说真话则应该被绞死;然而倘若要绞死他的话,那么他说的话又成了假话,而说假话的人是应该被砍头的。

# 决斗

有一个非常漂亮的女人,有三个男人都疯狂地爱上了她,而这个女人也同样地爱这三个男人。如此,斗争在某一天终于爆发了,三个男人准备为爱情用手枪决斗。最终获胜的人将与这个女人牵手,被征服的人或失败的人,不是死亡,就是受伤和失望。

打算决斗之后,情况对其中一个男人很不利,而对另外两个则比较有利。这个男人是上尉,在每三发子弹中,他往往只可以命中一发。而另外两个人中有一位伯爵,他是一位射击专家和神射手。在以前历次的决斗中,他都是最后获胜的人,纵然是面对比他厉害的枪手,他都很幸运地赢了。还有一位是勋爵,他是一名军人,也是一个非常好的射手,每三发子弹中他至少都能命中两发。

三个男人都是谦谦君子,于是决定在决斗中,送一次机会给射得最差的人。他们站在一个三角形的三点上,相互面对着面。使用的弹药无上限,然而他们必须依次向任何一个对手开枪:第一个开枪的是那个射得最差的人,最后一个开枪的是那个射得最好的人。

倘若你是上尉,那么在保持信誉的前提下,你应该怎样做才能让自己的生存机会最大化?

**【妙趣解析】**

第一个射击的当然是你,你的第一次射击,最好是往你的后面射去,或者是故意往空中射去。你不可以射向从不失手的伯爵，因为倘若你没有将他射中，那么勋爵就会在下一枪或两枪中击倒你。倘若你射向勋爵，而且还将他射中了，那么伯爵必定也会击倒你。倘若你没有将勋爵射中，那么伯爵必定会射中他，而他射你的机会为1/2。倘若你将伯爵射中了，那么你射中勋爵的概率为1/7，勋爵射中你的概率为6/7，然而倘若你故意没射中，那么你仍有机会射击他们其中的一个。倘若勋爵将伯爵击倒了，那么你射中勋爵的概率就为3/7。勋爵射不中伯爵的概率为1/2（倘若射不中的话，那么伯爵就会射中勋爵）。所以，你射中伯爵的概率就是1/3。故意往空中射击，能够增加你获胜的机会：第一次射击的获胜机会为25/63（大约40%）。勋爵的机会为8/21（38%），伯爵的机会为2/9（22%）。

## 雪夜的目击者

罗德探长是一位资深的探员，这一天，刚回到家的他就听到了电话铃声，拿起电话，是一名警员的声音："罗德探长，有案件发生，请您到警局一趟。"十几分钟之后，罗德来到了警察局，这时手下的一位警员走到他身边，对他说："半夜时分，在商贸街发生了一起事故，一个人从楼上跳了下来，而且现场有一位目击证人，探长，您最好到现场看一看。"罗德点了点头，在警员的带领下来到了事故地点，看见一名男子在现场，旁边还停着一辆车子，这名男子就是所说的目击证人。罗德问这名神情有些不自然的男子："请你描述一下你所看到的情景。"男子神情有些慌张，眼神躲躲闪闪地说："当时正下着大雪，所以，我就在附近的一家咖啡厅里待了有两个小时，当雪停的时候，我就从那家咖啡厅走出来，那时正好是半夜12点，大街上没有什么人。天气太冷了，于是我赶紧上了自己的车子，当我正要发动汽车时，正好看见有一个男子站在楼顶的位置，他好像稍微犹豫了一下，然后纵身跳了下来，然后就是这样的情况了。"说着他指着自己身边的车子，罗德看着车窗上的冰雪若有所思，这时他盯着神情有些紧张的男子，以冷冷的口气对他说："你如果不是杀人凶手的同伙的话，也是他们的帮凶，为什么要说谎？"那名男子一听，脸色瞬间变得惨白。罗德探长如何判断，这名男子在说谎？

### 【妙趣解析】

当时正在下大雪，而目击者的车子在外面有停留了两个小时，那么，汽车的车窗上肯定会有冰雪,罗德探长看到车窗上的冰雪并没有被擦拭的痕迹,而目击者如果不擦掉车窗上的雪的话,那么他看不到外面的情景,也就是说看不到那个人摔下来,所以,罗德探长由此断定,这名男子在说谎。

# 鹿死谁手

古代有一个皇帝,某一次外出打猎,他要求姓赵、钱、孙、李、周、吴、郑、王的八员大将一同前去。经过一番生猛的追逐,某位大将的一支箭将一只鹿射中了。然而,到底是哪位大将射中的,在场的人都不是很清楚。这个时候,皇帝说话了,他命令大家先不要去看箭上刻写的姓氏,而是要求大家先猜这头鹿是谁射中的。于是,八员大将你一言,我一语,众说纷纭。

赵说:"要么是王将军射中的,要么是吴将军射中的。"

钱说:"倘若这支箭刚好射中了鹿的头部,那么一定是我射中的。"

孙说:"我能肯定这只鹿是郑将军射中的。"

李说:"即便这支箭刚好将鹿的头部射中了,也不一定就是钱将军射中的。"

周说:"赵将军的话错了。"

吴说:"不可能是我射中的,也不可能是王将军射中的。"

郑说:"我断定不是孙将军射中的。"

王说:"赵将军的话没有错。"

猜完之后,皇帝叫赵将军将鹿身上的箭拔出来查看,结果有三位大将猜对了。

请问,鹿到底是谁射死的呢?

## 【妙趣解析】

在八位大将所说的话中,有六位将军是彼此矛盾的。十分明显,周将军与王将军是相互矛盾的。赵将军断言:在王、吴两将军中,至少有一个人射中,而吴将军又说自己和王将军都没有射中。这两个判断是对立的,所以也是互相矛盾的。此外,钱将军和李将军的话也互为矛盾。

互相矛盾的判断既不会同真,也不会同假,而是必一真,必有一假。所以,以上六位将军中,有三个人说的话是对的,有三个人说的话是错的。

倘若在八位将军中,有三位将军猜对,那么孙将军和郑将军猜对了,可推知鹿是孙将军射中的。倘若八位将军有五位将军猜对了，那么孙将军与郑将军也猜对了，可推知鹿是郑将军射中的。

# 商人与帽子

为了考一考他人的机敏与逻辑推理能力，很多著名的科学家都喜欢出一些有趣的题目。伟大的物理学家爱因斯坦就曾经出过下面这道题：

有一个土耳其商人，他想找一个助手协助自己经商。然而，他的要求是，这个助手必须非常聪明。自从消息传出之后，不久便有 A、B 两个人联系了他。

为了测试在 A、B 两个人中，哪一个更聪明一些，于是这个商人将他们带进一间漆黑的房子中，里面可以说是伸手不见五指。商人把电灯打开，对他们说道："在这张桌子上，一共有五顶帽子，其中两顶是红色的，另外三顶是黑色的。现在，我将关掉灯关，并搞乱帽子摆的位置，接着，我们三个人每人都摸一顶帽子，戴到自己的头上。然后我会把灯打开，这个时候，请你们尽快将自己头上戴的帽子的颜色说出来。"话音刚落，商人就关掉了电灯，接着，三个人都在桌上摸了一顶帽子，轻轻地戴在自己的头上。这个时候，商人又将其余的两顶帽子藏到了隐避处。

等做完这一切之后，商人又重新打开了电灯。这个时候，那两个人睁开眼睛一看，发现商人的头上戴的是一顶红色的帽子。

没过多久，A 便大声喊道："我戴的是黑帽子。"

请问，A 是怎样进行推理的？

## 【妙趣解析】

A 是这样推理的：倘若我戴的也是红帽子，那么，B 就立即可能猜到自己是戴黑帽子（因为红帽子只有两顶）；而现在 B 并没有马上猜到，由此可见，我头上戴的一定不是红帽子。所以，B 的反应太慢了。最终，土耳其商人雇用了 A。

# 鱼缸中的鱼

威尔很喜欢鱼，所以家中养了很多鱼，而且品种各有不同。每次到不同的地方出差,他都会购买当地比较有名的鱼种。他的朋友也都知道他的这一喜好,而且很多朋友会经常到他家去看他养的鱼。

然而,其中一位朋友对他的鱼动了坏心眼,想趁着他出差不在家时,趁机偷走几条名贵的鱼。一天,威尔又出差了,家中只剩下一名打扫房间的阿姨。趁着深夜,这位朋友悄悄溜进威尔家里,在这之前,他把房间的整个电线都给剪断了,防止碰到报警器。他看着鱼缸中游动的美丽鱼儿,心中一阵欣喜。因为太过于兴奋,一不留神儿脚下一滑,他整个人便向前扑去,不巧正好碰到一个热带鱼缸,鱼缸马上翻倒在地,顷刻之间四分五裂,里面的鱼儿也到处都是,摔倒的他刚想爬起来,突然大叫一声,然后全身抽搐,当场死亡。听到声音的阿姨出来,发现地上躺着一个人,于是马上报警。赶到现场的警察对现场进行勘察,结果却让人有些意外,因为死者是触电而死,但是整个房间的电源都被切断了,警察百思不得其解。闻讯赶回来的威尔,听闻这件事情后,指着地上的一条大鱼说:"看来,是它惩罚了盗贼。"

这句话究竟是什么意思呢,你知道吗?

## 【妙趣解析】

其实那条热带鱼是一条电鳗,这种电鳗鱼能产生 650～850 伏的电压。身处于黑暗中的窃贼,在起身时,不小心碰到了地板上的电鳗,受到惊吓的电鳗突然放电,最终导致窃贼触电而死。

# 五对新人

有财元、广金、昭才、晋宝、添丁五个男子,以及萍安、吉祥、好韵、福气、喜悦五位女子,他们将在星期一至星期五之间的某一天结婚。

已知:

1. 每对新人结婚的日期都不相同。

2. 萍安将在星期一结婚,然而添丁不是这一天结婚。

3. 昭才与广金分别在星期三和星期五结婚,但喜悦不在这两天结婚。

4. 晋宝即将和好韵结婚,但是比福气要晚一天。

请问,究竟谁要与谁结婚?并且各在星期几结婚?

【妙趣解析】

由提示 2 和提示 3,可知萍安不与添丁、昭才或广金结婚。由提示 3 可知,喜悦不和昭才或广金结婚。由提示 4,可知好韵和晋宝结婚,萍安、吉祥、福气、喜悦不和晋宝结婚。由提示 2、3、4 可知,福气将在星期三与昭才结婚,由上面已知条件可知,晋宝是在星期四与好韵结婚。综合以上线索,可逐步推出结论:萍安与财元在星期一结婚;吉祥与广金在星期五结婚;喜悦与添丁在星期二结婚。

## 谁在磨牙

容华、富桂、谨依、郁时是四个平时玩得很好的朋友,有一次,她们一起参加了"美西七日游"。第一天晚上,四个人在同一个房间里面就寝。半夜的时候,郁时突然被惊醒了,原来旁边有人在磨牙。郁时被吵得再也睡不着了,就这样,她失眠到天亮。

第二天,经过明察暗访,郁时发现:

1.容华与谨依要么都磨牙,要么都不磨牙。

2.容华与富桂两人不可能都磨牙。

3.倘若谨依磨牙的话,那么容华就不会磨牙。

请问,晚上究竟是哪个女孩子在磨牙?

【妙趣解析】

由提示 1 和 3 可知,谨依磨牙。因为倘若谨依没有磨牙的话,那么容华则磨牙。这样一来,就违反提示 1 的条件了。既然谨依磨牙,那么根据提示 1,可推知容华磨牙。再根据提示 2,可推知富贵不磨牙。因此答案是,是容华和谨依磨牙。

## 宗教家与哲学家

张三、李四、王五、赵六、陈七是五个特立独行的人。其中,有两个是宗教家,他们是绝对不说谎话的;有三个是哲学家,他们有时会说真话,有时会说谎话。有一天,他们分别说出了下面的话:

张三:李四绝对不说谎话。

李四:王五说谎。

王五:赵六说谎。

赵六:陈七说谎。

陈七:李四说谎。

张三:陈七从来没有说过一句谎话。

陈七:王五说谎。

请问,在这五个人之中,到底谁是宗教家? 谁是哲学家?

## 【妙趣解析】

假设张三是绝对不说谎话的宗教家之一,那么他所说的话是真话。如此可推知,李四和陈七也都是宗教家。然而这样一来,便有 3 个宗教家了,与题目不符。因此,张三一定不是宗教家。

假设陈七是绝对不说谎话的宗教家之一,那么他所说的话都是真的。如此可推知,李四和王五都不是宗教家。这样一来,再加上由上面推知的:张三一定不是宗教家,因为已知 3 位不是宗教家。所以,剩下的赵六便应该是绝对不说谎话的宗教家。但是,赵六所说的话"陈七说谎",与本假设自相矛盾。因此,陈七一定不是宗教家。

假设王五是绝对不说谎话的宗教家之一,那么可推知赵六不是宗教家。这样一来,再加由上面推知的:张三、陈七都不是宗教家。由于已知 3 位不是宗教家,所以,剩下的李四便应该是宗教家。然而李四所说的"王五说谎",却与相假设自相矛盾。因此,王五不是宗教家。

综合前面所述,可知李四、赵六两位是绝对不说谎话的宗教家,而张三、王五、陈七则是有时说真话、有时说假话的哲学家。

## 手套

衣柜里放着一些红手套与黑手套,两种颜色手套的数目一样多。为了保证取出一双同样颜色的手套,你闭着眼睛至少要从衣柜里摸出多少只手套? 为了保证取出两只不同颜色的手套,你闭着眼睛至少要从衣柜里摸出多少只手套? 让人感到惊奇的是,这两个数目是一样的。假设这个计算是完全正确的,想想看,衣柜里有多少只手套?

**【妙趣解析】**

4 只手套。为了保证取出一双同样颜色的手套，至少要从衣柜中摸出 3 只手套；为了保证取出两只不同颜色的手套，从衣柜中摸出的手套的数量，至少要比衣柜里某种颜色的手套的数量多一只。根据条件，这样取出的手套的数量是 3 只，所以衣柜中某种颜色的手套的数量是 2 只。因此，衣柜里手套的总数是 4 只。

# 天堂的少年

有个人死后有幸升上了天堂，圣彼得带着他到天堂的各个地方参观。当他们来到高墙下的时候，圣彼得悄悄地说了一句："嘘——轻点。"

说完之后，圣彼得小心地从旁边搬来了一张长梯子。他先顺着梯子爬上去，接着再招手让那个人也顺着梯子爬上去。他们在梯子的顶端站着，不断地向里面张望。原来，里面有一块草地，整块草地被墙围了起来。在草地的正中央，有 7 个少年悠闲地坐在那里。那个人不禁问道："他们在干什么？"

圣彼得说："倘若不是因为早逝，他们个个都将成为无与伦比的天才。升入天堂之后，由于志同道合，因此他们每天都聚在一起玩智力游戏。今天，他们大概是在猜帽子吧！"这 6 个少年按六边形围坐着，分别以 A、B、C、D、E、F 表示。另一个少年 G 则坐在当中，眼睛正用毛巾蒙着。一位旁人在每个人的头上戴一顶帽子，其中有 4 顶是白帽子，有 3 顶是黑帽子。因为 G 挡住了视线，所以 6 个少年都无法看到自己正对面的人戴的帽子是什么颜色的。

现在，让 A、B、C、D、E、F 猜自己头上戴的是什么颜色的帽子。智力游戏刚一开始，6 个少年便陷入紧张的沉思之中，一时半会都没有猜出来。这个时候，坐在正中央的 G 说道："我猜到了，我头上戴的是白帽子。"

请问，G 是怎样进行推理的？

**【妙趣解析】**

不妨假设自己是围坐着的 6 个少年中的一个。你可以看到 5 个人头上戴的帽子是什么颜色的，倘若在这 5 个人之中，你看到有 4 个人戴的帽子是白色的,只有一个人戴的帽子是黑色的,那么你就会猜出自己与对面的人戴的帽子都是黑色的。倘若在这5个人之中,你看到只有两个人戴的帽子是白色的,那么就可以猜出自己与对面的人戴的帽子都是白色的。然而当你与对面人头上分别戴的是一白一黑的两顶帽子时,你就不能判断自己头上戴的帽子是什么颜色的了。

其他围坐的少年也都可以如此思考。那么,坐在正中间的少年就能按照这个逻辑进行推理,从而得出正确的结论。

因为围坐在旁边的6位少年都陷入沉思之中,所以坐在正中间的少年可以这样推测:3组对面而坐的少年,必然是3个人头上戴白帽,3个人头上戴黑帽。如此一来,自己头上戴的帽子当然是白色的了。

## 打开的锁具

阿提开了一家公司,专门制作锁具,这种锁具有两重锁,即便打开第一道锁,第二道锁也很难打开而且还需要密码,这种双重保险的锁具一经推出,便受到消费者的喜欢。这种锁具为他的公司带来了丰厚的利润。看着公司的营业额,阿提有些沾沾自喜,他放言:"这种锁具已经达到了世界顶级水平,如果有人能在15分钟内打开,那么会得到丰厚的奖金。"这一消息引起了轰动,很多人都跃跃欲试,但是都失败了,因为即便打开第一道锁,但是却无法打开第二道锁。

一天,一位名叫小柯的年轻人来到了公司,他也想尝试一下,于是阿提带着他来到制作工厂,小柯现在炉子旁暖了一下手,然后开始开锁,而阿提则拿着玻璃沙漏开始计时,他非常有自信,认为小柯即便打开第一道锁,肯定也无法打开第二道锁。但是令人意外的是,小柯非常厉害,打开第一道锁只用了5分钟,因为对锁具大体有了一个了解,所以,开第二道锁时,非常有自信,最终小柯打开了第二道锁。阿提对他说:"恭喜你,打开了第二道锁,但是遗憾的是,你已经超过了时间,按照规定,你无法得到我们所提供的奖金。"小柯看着阿提:"我没有超过时间,只不过你对沙漏做了手脚,你还是应该给我奖金。"

你知道,阿提是如何对沙漏做手脚的吗?

## 【妙趣解析】

阿提把沙漏放到了炉子旁,在火炉的烘烤下,利用热胀冷缩的原理,沙漏中沙子的流动速度就会有所改变,这样沙漏所显示的时间也就会有所改变。

# 第十一章

## 综合性思维游戏

　　综合思维是同时处理两种或两种以上相互联系或对应的观点,并从中得出汇集多方优势的解决方案的思维能力。综合思维可以突破思维瓶颈,拥有一个更广阔的思维空间,使传统的思维方式不论是在深度、广度、高度,还是在内在思维框架方面都跃上一个新层次。

## 持灯过桥

一天晚上,小黑一家要过一座桥,桥上一次最多只能过两个人。小黑一家一共有 5 个人:小黑、弟弟、爸爸、妈妈、爷爷,可是全家人只能共用一盏灯。换句话说就是,每次过桥的时候,都必须要有人返回将灯送回,以供其他的人过桥使用。这盏灯在点燃 30 分钟之后就会熄灭,所以小黑一家必须抓紧时间过桥。已知小黑过桥需要 1 分钟,弟弟过桥需要 3 分钟,爸爸过桥需要 6 分钟,妈妈过桥需要 8 分钟,爷爷过桥需要 12 分钟,为了确保灯不会在人未过桥时熄灭,你认为他们一家应该怎样过桥呢? 需要注意的是,倘若两人一起过桥,那么以过桥速度最慢的人计时。

### 【妙趣解析】

首先,小黑和弟弟一起过桥,然后小黑再把灯送回去,一共花 4 分钟;接着,小黑和爸爸一起过桥,弟弟把灯送回去,一共花 9 分钟;然后妈妈和爷爷一起过桥,小黑把灯送回去,一共花 13 分钟;最后,小黑和弟弟一起过桥,一共花 3 分钟,4 次总共花 29 分钟。

## 开往前线

军情紧急,上级命令 A 立即带队将大炮运往前钱。然而在前进的途中,A 遇到了一座桥,这座桥的最大载重量只有 25 吨,而每辆炮车的重量就是 10 吨,每枚大炮重 20 吨。也就是说,每辆炮车和车上大炮的总重量是 30 吨,已经超过桥的最大载重量。倘若强行过桥的话,那么桥势必会坍塌下去。四周又没有任何一条可以绕行的道路。一时间,所有人都着急了,他们都希望 A 能迅速作出反应,尽快想出办法。A 急中生智,马上设计了一个过桥方案,确保了大炮安然过桥。

请问,A 到底设计出了什么样的方案?

### 【妙趣解析】

用比桥面长的钢索,拴在炮车与大炮之间,使炮车和大炮不会同时压在桥上,然后开动炮车,将大炮拖过桥。

## 猫家过河

小猫一家打算过河,然而它们只有一条小船,小船每次只能乘两只猫,并且小猫全家只有猫爸爸、猫妈妈和猫爷爷会划船。已知小猫一家有如下成员:两个猫女儿,两个猫儿子,一个猫爸爸,一个猫妈妈,一个猫爷爷,一个有疯病的猫叔叔。其中,猫妈妈不在的时候,猫爸爸会打女儿;猫爸爸不在的时候,猫妈妈会打儿子。而只要猫爷爷不在,猫叔叔谁都会打。

请问,小猫一家要怎样才能安全过河呢?

### 【妙趣解析】

(1)猫爷爷和猫叔叔先过,猫爷爷回。

(2)猫爷爷和一只猫儿子过,猫爷爷和猫叔叔回。

(3)猫爸爸和另一只猫儿子过,猫爸爸回。

(4)猫爸爸和猫妈妈过,猫妈妈回。

(5)猫爸爸和猫叔叔过,猫爸爸回。

(6)猫爸爸和猫妈妈过,猫妈妈回。

(7)猫妈妈和一只猫女儿过,猫爷爷与猫叔叔回。

(8)猫爷爷和另一只猫女儿过,猫爷爷回。

(9)猫爷爷与猫叔叔过,完成。

## 多人游戏

给每人发一张长方形的白纸,接着根据下面的要求进行游戏。

1.将这张白纸折成一叠,并且使这叠纸分为 8 层,每层是正面或反面写着不同数字的小方块。

2.要求这叠纸的小方块上面的数字从上至下是 1 至 8。

3.第一张小方块上写有数字"1"的一面必须朝上。

### 【妙趣解析】

将这张纸面朝下背朝上放平,从而让这 8 个数字的位置是:23651874,接着将右半部分折叠到左半部分上,使得 5 在 2 上,6 在 3 上,4 在 1 上,7 在 8

上;再将下半部分折叠起来,使得4在5上,7在6上;然后,将4和5捏在一起,左至右折叠在6和3之间;最后,右半部分折叠在左半部分之下。

# 预言家

在一个王国里,四个小伙子正在为当预言家而努力。他们分别是:武大、王二、李三、赵四。不巧的是,在这四位小伙子中,最后只有一个如愿以偿地当上了预言家,并在王国都城工作。其中的三个人,有一个当上了舞师,有一个当上了皇帝的侍卫,还有一个当上了画家。下面是这四位小伙子的预言。

武大:"王二当不了舞师。"

王二:"李三会当上都城的预言家。"

李三:"赵四当不成画家。"

赵四:"我会娶一个叫作小碧的女子。"

在这四个小伙子的预言中,只有一个人的预言是正确的,这个人当然就是后来当上都城预言家的人。

请问,这四个小伙子最后都各自当上了什么? 赵四真的和一个叫作小碧的女子结婚了吗?

## 【妙趣解析】

我们来逐个进行分析,事实上,只要找对了方法,这道题便可以迎刃而解。首先假设王二的预言是真的,那么李三会成为都城的预言家。这样一来,李三的预言也是正确的。如此,就有两个人成为预言家了,这与题意明显不符。所以,王二的预言是错误的。也就是说,王二和李三都不可能成为预言家,如此一来,李三的预言也是错误的,那么赵四会成为一个画家,而不是都城的预言家。

现在,答案就清晰多了,最后成为预言家的自然就是武大了。也就是说,武大的预言是正确的,即王二当不了舞师。既然王二当不了舞师,那就只能是皇帝侍卫了,因为目前已经只剩下这两个职位了。

因此得出答案:武大当上了预言家,王二当上了皇帝侍卫,李三当上了舞师,赵四成为了一名画家。又由于赵四的预言是错误的,因此他不会娶那位叫小碧的女子为妻。

# 日出西边

某日,面对自己的儿孙们,有位老富翁这样说道:"我这一生从来没有看见过从西边出来的太阳,这实在是人生的一大遗憾。倘若在你们之中,有谁能够让我亲眼看一次太阳从西边出来,我就把自己全部的财产都留给他。但是必须记住,不可以用镜子或者电视反映太阳的图像。"从表面上听起来,这个富翁的临终愿望好像是无法实现的,然而事实上,最终他还是实现了自己的愿望。他的小孙子想出了一个非常好的办法,让他看见了从西边出来的太阳。

请问,他的小孙子是如何做到的?

## 【妙趣解析】

小孙子与爷爷乘坐在一架飞机上,用大于地球自转的速度往西飞行,最后终于看到了从西边出来的太阳。

## 做到准确无误

你和三位朋友一块儿玩扑克,现在是你发牌。根据惯例,应该按照逆时针的顺序发牌,第一张发给你的右手邻座,最后一张才发给你自己。当你正在发牌的时候,手机铃声突然响了,你腾出手来接了一个电话。将电话打完之后,你居然忘了牌到底发到谁了。现在,你不可以数任何一堆已发的或未发的牌,你能将每个人应该发到的牌准确无误地发到他们手中吗?

## 【妙趣解析】

假设全副牌不包括大、小王,即总数52张,那么将未发的牌从最后一张开始由下往上发,第一张先发你自己,接着按照顺时针的顺序将牌发完为止。倘若全副牌总数为54张,那么第一张先发给你的对家。

## 飞机加油

有一批飞机,每架飞机的油箱所能装的燃料刚好可以绕地球一周的一半航程。补充燃料的方式,除了地面加油外,还可以实行空中加油,也就是在不影响正常飞行的情况下,一架飞机把自己油箱中燃料补充给另一架飞机。

现在假设燃料的唯一来源为岛上的油库,并假设不管是岛上加油还是空中加油,所费的时间均忽略不计。那么,至少需要动用多少架飞机,才能保证有一架飞机可以绕地球航行一周?

**【妙趣解析】**

使用三架飞机,便可保证其中一架飞机围绕地球飞行一周。我们可以这样分析,首先假设飞机分为 A、B、C,整个过程只需用掉 5 箱汽油。

A、B、C 三架飞机同时从基地起飞。设飞机围绕地球飞行一周的距离为一个航程。当飞完航程的时候,C 把 1/4 箱汽油给 A,把另外的 1/4 箱汽油给 B,这样,C 还剩下 1/4 的汽油,正好够它返回基地,加了油再向相反的方向迎接 A 机。

A 和 B 一起又继续飞行航程,也就是 1/4 箱油的距离,接着 B 把 1/4 箱汽油给 A。B 现在还剩下 1/2 箱汽油,这些汽油正好够它返回基地,加了油再向相反方向迎接 A 机。

A 的油箱中装满了汽油继续飞行,在离基地还有 1/4 航程时,这些汽油用完了,这个时候,正好碰上在基地加油相向飞来的 C,C 把 1/4 箱汽油给 A,接着两架飞机一起朝基地飞去。

这两架飞机距离基地 1/8 航程的时候,燃料用完了,这个时候,它们遇上加了油相向飞来的 B。B 各给这两架飞机 1/4 箱汽油。这个时候,三架飞机的汽油不多不少正好够它们返回基地。

## 贴纸条猜数

有一个教逻辑学的教授,有三个得意门生,这三个得意门生都十分聪明。某日,这位教授给他们出了一个题目,在这三个人的脑门上,教授分别贴了一张纸条,同时对他们说:在每个人的纸条上,都写有一个正整数,并且其中两个数的和等于第三个!需要注意的是,每个学生都可以看见另外两个学生脑门上的数字,唯独看不见自己脑门上的数字。

教授对第一个学生提问:你可以猜出自己脑门上的数是多少吗?第一

个学生回答:不能;教授问第二个学生,他仍旧回答"不能";教授又问第三个学生,第三个学生还是回答"不能";教授又再问第一个,他回答"不能";教授又问第二个,他仍旧回答"不能";教授又问第三个,他说道:"我猜出来了,是144!"教授十分满意地笑了。

请问,你可以猜出另外两个人脑门上的数吗?

## 【妙趣解析】

36 和 108。思路是这样的:首先说出这个数的人多半是二数之和的人,因为另外两个加数的人所获得的信息必然是相同的,在同等的条件下,如果一个无法推断出来,那么另一个也不会推断出来(当然,在这里只是说这种可能性很大,因为毕竟在回答上还有个先后次序,所以在一定程度上,仍旧存在着信息不平衡的现象)。另外,只有在第三个学生看到另外两个学生的数是一样的时候,他才能够马上说出自己的数。事实上,以上两点基本上属于已知条件,根据题意便能够推断出来。倘若教授只问了一轮,第三个学生就说出了 144,那么依据推理,可以非常容易地得出另外两个数分别为 48 与96。那么,如何才能让老师问了两轮就得出答案呢?这有必要做进一步的思考。A:36(36/152) B:108(108/180) C:144(144/72)。括号里面是这个同学看到另外两个数后,猜测自己头上可能出现的数。现推理如下:

A、B 先说不知道,十分明显,C 在说不知道的情况下,可以假设倘若自己是 72 的话,B 在已知 36 和 72 条件下,会这样推理:我脑门上的数应该是 36 或 108,然而若是 36 的话,C 应该可以马上说出自己的数,而 C 并没有说,因此我脑门上的数应该是 108。但是,在下一轮中,B 仍旧不知道,因此,C 能够判断出自己的假设是错误的,自己脑门上的数只能是 144。

## 应聘

张军、李宏、刘强、周海四人应聘一份工作,做这份工作的要求和条件为:高中毕业;至少有两年以上的工作经验;退伍军人优先录取;有符合要求的证明书。

在这四个人中,谁满足的条件最多,那么他就会被雇用。

1.将上面 4 个要求和条件双双配对,可以配成 6 对。每一对条件都恰好有一个人符合。

2. 张军与李宏的学历是一样的。

3. 刘强与周海有着相同的工作年限。

4. 李宏与周海都是退伍军人。

5. 周海身上有符合要求的证明书。

请问,最终谁会被雇用?

【妙趣解析】

李宏。

# 动物排名

龙、虎、狗、羊、猴、牛、熊参加了一场比赛,其结果的名次排列情况如下(其中没有名次相同的):

1. 猴获得第二名或第三名。

2. 与猴相比,狗要高4个名次。

3. 与虎相比,龙的名次要低一些。

4. 与熊相比,虎并不低2个名次。

5. 虎并非第一名。

6. 与猴相比,羊并没有低3个名次。

7. 与牛相比,龙并不高6个名次。

以上提示只有两句是正确的,请问是哪两句呢? 并且将7种动物的名次顺序试列出来。

【妙趣解析】

假设提示1和提示2是正确的,那么提示3、提示4、提示5、提示6、提示7就是假的。

由于猴获得了第二名或第三名,狗比猴要高4个名次,龙比虎高,虎比熊低两个名次。

所以虎是第一名,羊比猴低3个名次,龙比牛高6个名次。

提示1与提示2冲突,提示3与提示5冲突,提示4与提示5冲突,提示5与提示7冲突。

因此得出结论:提示5是正确的,提示1和提示2至多只有一个是正确的。

假设提示 1 和提示 5 是正确的,那么提示 2、提示 3、提示 4、提示 6、提示 7 都是错误的。

由于猴没有得第二名或第三名,狗没有比猴高 4 个名次,龙比虎高,虎比熊低两个名次,所以虎并非第一名,羊比猴低 3 个名次,龙比牛高 6 个名次。

提示 2 和提示 1、提示 6 相冲突。

因此得出结论:提示 2 也不可能是正确的。

假设提示 3 与提示 5 是正确的,那么提示 1、提示 2、提示 4、提示 6、提示 7 是错误的。

由于猴没有获得第二名或第三名,狗比猴高 4 个名次,龙比虎高,虎比熊低两个名次,虎不是第一名,羊比猴低 3 个名次,龙比牛高 6 个名次。

提示 2 与提示 6 相冲突。

因此得出结论:提示 3 并非正确的,而提示 6 才是正确的。

假设提示 5 与提示 6 是正确的,那么提示 1、提示 2、提示 3、提示 4、提示 7 是假的。

由于猴没有得第二名或第三名,狗比猴高 4 个名次,龙比虎高,虎比熊低两个名次,虎不是第一名,羊没有比猴低 6 个名次,龙比牛高 6 个名次。

因此得出结论:龙、狗、熊、羊、虎、猴、牛。

这和题目所给的条件没有冲突。

从而得出 7 种动物的名次顺序为龙、狗、熊、羊、虎、猴、牛。

# 硬币游戏

有一种硬币游戏,其规则是:有一堆硬币,总共 500 枚;双方轮流从中取走 1 枚、2 枚或 4 枚;谁取到最后,那么就算谁输。

F1 和 F2 在玩这种游戏,F1 先开局,F2 随后。双方总是尽可能取让自己获胜的数。倘若不能取胜,也要尽量打个平手。

请问,这两人中是否必定有人会赢? 到底是应该先拿还是应该后拿?

【妙趣解析】

会。分析如下:

F1 先拿 1 个,这以后根据 F2 的三种情况采取以下策略。

F2 拿 1 个,F1 拿 2 个;

F2 拿 2 个,F1 拿 1 个;

F2 拿 4 个,F1 拿 2 个。

换句话说就是,每次都保持与 F2 拿的总数一定是 3 或 6。由于 499=3×166+1,每轮 F1 和 F2 拿的总数一定是 3 的倍数,因此经过 n 次以后,一定会给对方留下 1 或 4 个,这样对手就输了。

# 猴子与砝码

将一根绳子从一个没有摩擦力的滑轮上穿过去,在滑轮的一端,有一只 10 磅重的砝码悬挂着,绳子的另一端挂着一只猴子,与砝码刚好保持平衡。当猴子开始往上爬的时候,砝码会怎样动作呢? 是上升,或是下降,还是别的状态呢?

## 【妙趣解析】

无论猴子如何爬,爬得快也好,爬得慢也罢,或者是跳跃,猴子与砝码总是处在面对面的位置上。猴子既不可能高于砝码,也不可能低于砝码,即便当他放开绳子,掉下来,再抓住绳子的时候也是这样。

# 称药

在一个瓶子中一共放有 3 种药,分别重 1g、2g、3g。现在可以确定的是,在每个瓶子里面,只放有一种药,并且每瓶中有足够多的药片,你只能称一次,可否知道各个瓶子里面放的都是什么药吗? 倘若有 4 种药呢? 5 种呢? N 种呢(N 可数)? 倘若一共有 m 个瓶子内放着 n 种药呢(m,n 为正整数,药的质量并不一样,然而各种药的质量已知)? 你可否只称一次就得出每瓶放的是什么药?

## 【妙趣解析】

倘若是 3 种药,第一瓶药取 1 颗,第二瓶药取 10 颗,第三瓶药取 100 颗。称得总重量,那么个位数上倘若为 1,就是第一瓶为 1 g 的药,十位数上的就是第二瓶药的种类,以此类推。

对于 4 种药、5 种药……只要药的规格没有大于 100g 都可以用这个方法。然而考虑到代价的问题，就看最重的药是多重，比如上面例子是 3g，就不要用 10 进制，改用 3 进制；倘若 m 个瓶子放 n 种药，那么就用 n 进制。

## 红帽子与蓝帽子

在 W 学院，琼斯教授开设了一门"思维学"课程，在每次课程结束的时候，他总会为最优秀的学生发一枚奖章。但是，有一年，最优秀的学生有 3 个，分别是珍妮、凯瑟琳和汤姆。琼斯教授准备通过一次测验，来将这个均势打破。某日，琼斯教授将这 3 个学生请到了自己的家中，对他们说道："我将会在你们每个人的头上戴一顶红帽子或蓝帽子。你们都不可以将眼睛睁开，直到我叫你们把眼睛睁开，你们才可以睁开。"在他们的头上，琼斯教授各放了一顶红帽子。琼斯说："现在你们可以把眼睛都睁开来了，倘若看到有人戴的是红帽子，那么就请把手举起来，谁第一个将自己头上所戴帽子的颜色猜出来，我就会给谁一枚奖章。"三个人把眼睛睁开之后都纷纷举起了手。一分钟之后，珍妮大声说道："琼斯教授，我知道我头上戴的帽子是什么颜色的了，是红色的。"

请问，珍妮是如何推论的呢？

### 【妙趣解析】

珍妮是这样推论的：既然凯瑟琳举手了，那么这意味着我与汤姆两个人当中，至少有一个人的头上戴的是红帽子；同样一个道理，既然汤姆举手了，那么这意味着我与凯瑟琳两个人之中，至少有一个人的头上戴的是红帽子。

倘若我的头上戴的不是红帽子，那么，凯瑟琳应该如何想呢？她一定会想："既然汤姆把手举了起来，这意味着珍妮与我至少有一个人的头上戴的是红帽子，现在，我分明看到珍妮的头上并没有戴红帽子。因此，我头上戴的一定是红帽子。"在这种情形之下，凯瑟琳必然会知道并说出自己的头上戴的是红帽子。然而，她并没有说自己的头上戴的是红帽子。由此可见，我头上戴的一定是红帽子。

倘若我的头上戴的不是红帽子，那么汤姆又会如何想呢？他的想法必定与凯瑟琳是一模一样的："既然凯瑟琳把手举了起来，那便意味着珍妮与我两人之中，至少有一个人的头上戴的是红帽子。现在，我分明看到珍妮的头上并没有戴红帽子。因此，我的头上戴的一定是红帽子。"在这种情况之下，汤姆必然会知道自己头上戴的是红帽子，然而，汤姆并没有说自己的头上戴的是红帽子。因此，我头上戴的一定是红帽子。珍妮的这一推论，的确是非常合乎逻辑的。

## 玫瑰花

　　艾德大叔去花店买花，花店老板问艾德大叔："总共有多少个姑娘？"艾德大叔快乐地回答道："一共五个。"

　　花店老板接着建议道："既然如此，那就干脆买五束玫瑰花吧！我认为，每束有8朵花最好。这里有四种颜色的玫瑰花，包括黄的、粉的、白的和红的，是不是每一种颜色都要一点呢？"

　　艾德大叔答道："非常好！每种颜色都弄10朵吧！总共是40朵玫瑰花。为了让五束花看起来不一样，我希望在每束花中，不同颜色花的数量不要一样，并且每束花上每种颜色的花至少要有一朵。"

　　那五个姑娘都收到了玫瑰花，每束玫瑰花的特色是这样的：丽丽收到的那束玫瑰花中，和其他三种颜色的花总和相比，黄色玫瑰花的数量反而还要多；而拉拉收到的那束玫瑰花中，和其余任何一种颜色的花相比，粉色玫瑰花的数量是最少的；阿莱收到的那束玫瑰花中，黄色花与白色花之和与粉花和红花之和相等；安妮收到的那束玫瑰花中，红色花只是白色花的一半；菲菲收到的那束玫瑰花中，红色花与粉色花的数量是一样的。

　　请问，在这五个姑娘收到的玫瑰花中，四种颜色的玫瑰花各有几朵？

### 【妙趣解析】

在五个姑娘所收到的玫瑰花中，各色花朵的数量如下：

丽丽：黄色5朵，粉色1朵，白色1朵，红色1朵；

拉拉：黄色2朵，粉色1朵，白色3朵，红色2朵；

阿莱：黄色1朵，粉色1朵，白色3朵，红色3朵；

安妮：黄色1朵，粉色4朵，白色2朵，红色1朵；

菲菲：黄色1朵，粉色3朵，白色1朵，红色3朵。

## 小和尚化缘

山上的庙里住着一个老和尚和一个小和尚,只有一条路可以从山上的庙通往山脚,每个星期一早上8点,这个小和尚就要去山下化缘,第二天早上8点,再从山脚返回山上的庙里。小和尚的上山和下山的速度是任意的,但是在每个往返中,他总是可以在星期一和星期二的同一时间来到山路上的同一地点。比如说,有一次他发现周一的8点30与周二的8点30,他都走到了山路靠山脚的3/4的地方。

请问,这究竟是什么原因造成的?

### 【妙趣解析】

假设在星期一早上8点,也就是小和尚下山的时候,有另一个小和尚同时从山脚下开始往山上走,这样,无论两个人速度怎样,总会在山脚到山顶中间的某个位置相遇。当他们相遇的时候,他们的时间、地点必然是一样的。换句话说就是,他们在同一时间走到了山路上的同一点。我们可以将第二个小和尚想象成题目中的那个小和尚,这样便可以为他解答疑问了。

## 调钟表

英子的腿部受伤了,因此走路非常慢。有一天早上,她发现客厅的闹钟不知什么时候停了,于是便将闹钟调到7点10分,然后又回到床上休息。当来到卧室的时候,她看到墙上闹钟的时间为8点50分,英子又在那里躺了一个半小时,接着又用同样的时间回到客厅。这个时候,客厅的闹钟显示为11点50分。

请问,在这个时候,英子应该将时间调到到几点?

### 【妙趣解析】

11点55分。在这个问题中,倘若我们可以求出从客厅到卧室所需要的时间,那么便能确定英子应该把时间调到几点了,因为用8点50分加上一个半小时再加上从卧室和客厅的时间,就是英子回到卧室的真实时间了。

已经知道英子离开客厅的时间为7点10分,重返客厅时为11点50分,这之间的时间为 280 分钟,这 280 分钟包括英子在卧室的 90 分钟(也就是一个半小时)和两次走路的时间。这样,两次走路的时间就是 190 分钟,那么从卧室到客厅所需要的时间就是 95 分钟。这样回到客厅的时间就是 8 点 50 分,加上一个半小时,再加 95 分钟,当时的时间应该是 11 点 55 分。

## 沾泥巴的孩子

有 10 个孩子待在一个教室里面,其中,有 7 个孩子的额头上都沾满了泥巴。每个孩子都可以看见其他孩子的额头上是不是有泥巴,然而却不能看到自己的额头上是否有泥巴。这个时候,老师走进了教室,他说道:"在你们 10 个人之中,至少有一个人的额头上沾上了泥巴。"接着,他便问道:"谁知道自己的额头上沾有泥巴?知道的请把手举起来。"他就这样连续问了六遍,可是却没有人举手。当问到第七遍的时候,凡是额头上有泥巴的孩子,全部都把手举了起来。

假设这 10 个孩子都有非常优秀的逻辑分析能力,那么,他们应该怎么进行思考,从而得出正确的结论呢?

需要注意的是,事实上,在老师走进教室之前,每个孩子就已经知道,在他们 10 个人之中,至少有一个人的额头上沾有泥巴,因此,老师所说的第一句话为孩子们提供的信息量基本上等于零,然而没有老师的这句话,那么就没有一个孩子可以得出正确的结论。请问这是为什么?

### 【妙趣解析】

倘若只有一个孩子的额头上沾有泥巴,那么在老师第一次提问的时候,他马上就会举手回答问题,因为他没有看到其他孩子的额头上沾有泥巴,同时他也知道至少有一个孩子的额头上沾有泥巴,所以他可以马上断定自己的额头上沾有泥巴。倘若有两个孩子的额头上沾有泥巴,那么他们都只能发现一个孩子额头的上沾有泥巴。当老师第一次提问的时候,他们都不能确定自己的额头上是否沾有泥巴,然而当第一次提问结束,而没有人举手的时候,他们马上就会知道自己的额头上沾有泥巴。因为,倘若自己的额头上没有泥巴的话,那么在第一次提问的时候,他们所看到的那个额头上沾有泥巴的孩子就会把手举起来,理由如上所述。所以,当老师第二次提问的时候,这两个额头上沾有泥巴的孩子会同时把手举起来。倘若有 3 个孩子的额头上沾有泥巴,那么他们就只能发现两个孩子的额头上沾有泥巴。当老师第一次和第二次提问的时候,他们都不能确定自己的额头上是否沾有泥巴。但是当第二次提问结束,而没有人举手的时候,他们马上就可以知道自己的额头上沾有泥巴。因为倘若自己的额头上没有泥巴的话,那么在第二次提问的时候,他们所看到的那两个额头上沾有泥巴的孩子就会把手举起来,理由如上所述。所以,当老师第三次提问的时候,这3个额头上沾有泥巴的孩子会同一时间把手举起来。由此,我们能够得出一般性的结论:倘若有 n 个孩子的额头上沾有泥巴,那么当老师 n 次提问之后,所有额头上沾有泥巴的孩子会同一时间把手举起来。老师所说的那句话——至少有一个孩子的额头上沾有泥巴,这实在是一个不可缺少的条件。当有两个孩子的额头上沾有泥巴的时候,的确全部的孩子都已经清楚,至少有一个孩子的额头上沾有泥巴。然而,倘若对于那两个额头上沾有泥巴的孩子,他们仅知道至少有一个孩子的额头上沾有泥巴,而不知道对方也知道至少有一个孩子额头上沾有泥巴,那么在两遍提问之后,他们是不可能把手举起来的。老师所说的话,让全部孩子都知道至少有一个孩子的额头上沾有泥巴。对于本题来说,这是一个关键性的条件。

## 并非腰缠万贯

有三位杰出的女性甲、乙、丙,她们身上都有一些令人注目的特点。

1. 在这三位杰出的女性中,刚好有两位十分聪明,刚好有两位非常漂亮,刚好有两位腰缠万贯,刚好有两位多才多艺。

2. 每位女性的身上最多只有三个令人注目的特点。

3. 对于甲而言,下面的说法是正确的:倘若她十分聪明,那么她也腰缠万贯。

4. 对于乙与丙而言,下面的说法是正确的:倘若她非常漂亮,那么她也多才多艺。

5. 对于甲与丙而言,下面的说法是正确的:倘若她腰缠万贯,那么她也多才多艺。

请问,在这三位杰出的女性中,到底哪一位女性不是腰缠万贯的?

## 【妙趣解析】

　　根据提示3和提示5,倘若甲十分聪明,那么她也多才多艺。根据提示5,倘若甲富有,那么她也多才多艺。根据提示1和提示2,倘若甲既不富有也不聪明,那么她也多才多艺。根据提示4,倘若丙十分漂亮,那么她也多才多艺。根据提示5,倘若丙富有,那么她也多才多艺。根据提示1和提示2,倘若丙既不富有也不漂亮,那么她也多才多艺。所以,不管是哪一情况,丙总是多才多艺。

　　于是,根据提示1,乙并非多才多艺。再根据提示4,乙并不十分漂亮。再联系提示1和提示2,可推知乙既聪明又富有。再根据提示1,甲与丙都十分漂亮。于是根据提示2和提示3,可知甲并不十分聪明。从而根据提示1,可知丙很聪明。最后,根据提示1和提示2,可知甲应该非常富有,而丙则是那个并非腰缠万贯的人。